Egmont Hass

Stabilitätspolitik in der sozialen Marktwirtschaft

Eine ökonomische Einführung

WOCHEN
SCHAU
VERLAG

Bibliografische Information der Deutschen Nationalbibliothek

Die Deutsche Nationalbibliothek verzeichnet diese Publikation in der Deutschen Nationalbibliografie; detaillierte bibliografische Daten sind im Internet über http://dnb.d-nb.de abrufbar.

www.wochenschau-verlag.de

Titelgestaltung: Ohl Design
Titelbild: picture alliance / dpa
Gesamtherstellung: Wochenschau Verlag
Gedruckt auf chlorfreiem Papier
ISBN 978-3-89974486-6

Inhalt

Einleitung

Die weltweite Finanz- und Wirtschaftskrise ab 2007 bedeutet den schärfsten Wirtschaftseinbruch seit der Weltwirtschaftskrise der 1930er Jahre. Vor der jüngsten Krise war in der Wirtschaftstheorie und mehr noch in der Wirtschaftspolitik das Denken für mehrere Jahrzehnte geprägt von marktliberalen Vorstellungen, nach denen die staatliche Politik den sich selbst regulierenden Marktkräften in möglichst vielen Bereichen das Feld überlassen sollte (Deregulierung, Privatisierung, Abstinenz bei der Konjunkturpolitik). Mit undogmatischem Pragmatismus schufen die Regierungen dann allerdings in der Krise eilig gigantische Rettungsfonds für die Banken und schnürten Konjunkturpakete, um mit staatlichen Eingriffen in die Wirtschaft einen weiteren Absturz des Bankensystems und der Realwirtschaft zu verhindern. Dabei ist allerdings bemerkenswert, dass Vertreter der Privatwirtschaft, die üblicherweise möglichst staatsfreie Märkte fordern, plötzlich nach staatlichen Hilfen für die Wirtschaft riefen.

Allenthalben konnte man lesen, was in der großen Weltwirtschaftskrise der 1930er Jahren passiert war. Man interessierte sich dafür, wie die Regierungen damals zunächst krisenverschärfend reagiert hatten und welche Lehren aus der damaligen Krise der Ökonom John Maynard Keynes gezogen hatte, dessen Grundgedanken in der jüngsten Krise als Orientierung für die staatlichen Konjunkturprogramme dienten.

Für die meisten Ökonomen kam der Ausbruch, vor allem aber das Ausmaß der jüngsten Krise überraschend. Ehrliche Ratlosigkeit drückte der Wirtschaftsnobelpreisträger Robert

Solow aus, als er auf die Frage, ob er erklären könne, was bei der neuen Weltwirtschaftskrise passiert ist, antwortete: „Ich glaube nicht, dass normales ökonomisches Denken bei der Erklärung der Krise helfen kann." (Der Spiegel 27.4.09, S. 34)

Mehr als „normales" ökonomisches Denken kann in diesem Einführungsbuch allerdings nicht geboten werden. Dabei soll aber vermieden werden, ökonomische Theorien und Politikkonzepte als Kanon vermeintlich gesicherten Wissens, als unbezweifelbare Wahrheiten abzuhandeln. Gerade wirtschaftspolitische Themen – der Gegenstand dieses Buches – sind geprägt von kontroversen Denkansätzen. Und das darf nicht wundern, hat man es in der Wirtschaftspolitik doch oft mit gegensätzlichen gesellschaftlichen und politischen Interessen zu tun, die sich auch in den ökonomischen Theorien spiegeln.

Im Zentrum dieses Buches steht die Frage, ob marktwirtschaftlich-kapitalistische Systeme zu grundsätzlich stabilen Entwicklungen neigen, wie es Ökonomen mit neoklassisch-wirtschaftsliberaler Orientierung sehen, oder, ob es eher immanente Instabilitäten gibt, die, wenn überhaupt, nur durch staatliche Korrekturen gemildert werden können (keynesianisch-staatsinterventionistische Sicht). Nicht immer erscheinen in Theorie und Praxis die genannten gegensätzlichen Positionen in äußerster Zuspitzung, sondern oft auch in Synthesen und Kompromissen, gleichwohl ist es hilfreich beim Verständnis vieler ökonomischer Themen, die kontroversen ökonomischen Hintergründe zu kennen.

Es gibt in Deutschland einen allgemeinen Konsens, dass man die Wirtschaftsordnung in diesem Lande als „Soziale Marktwirtschaft" bezeichnet. Allgemein kann man von einer sozialen Marktwirtschaft sprechen, wenn der Staat dann ordnende und korrigierende Aufgaben übernimmt, wenn die Selbststeuerung der Märkte keine für die Gesellschaft befriedigenden Ergebnisse verspricht. Außer der Sicherung der Wettbewerbsordnung kann oder sollte der Staat dann auch den sozialen Ausgleich, Stabilisierung der Wirtschaftsentwicklung, Schutz der Umwelt übernehmen. Damit erübrigt sich auch der besondere Begriff einer ökosozialen Marktwirtschaft. Im Übrigen wird in diesem Buch keine einheitliche Groß- oder Kleinschreibung des Begriffs soziale Marktwirtschaft benutzt. Die Großschreibung wird gelegentlich verwendet, wenn der Begriff die spezifisch deutsche Wirtschaft- und Sozialordnung bezeichnet.

Im ersten Kapitel geht es zunächst um die Selbststeuerung der Marktwirtschaft durch den Marktmechanismus und die Frage, ob man sich auf diese Selbststeuerung der Wirtschaft beschränken kann (Laissez-faire) oder ob der Staat gebraucht wird, um Marktprozesse zu korrigieren, zu ergänzen und zu stabilisieren. Es wird gezeigt, wie sich aus historischen Erfahrungen mit Problemen in einer relativ freien kapitalistischen Marktwirtschaft (soziale Konflikte, Wirtschaftskrisen) die Überzeugung entwickelte, dass der Staat im Rahmen einer sozialen Marktwirtschaft gebraucht wird (sozialer Ausgleich, Stabilisierung der Wirtschaft).

Konjunkturelle Zyklen und Krisen, die im zweiten Kapitel behandelt werden, begleiten die kapitalistische Marktwirtschaft seit ihrer Entstehung. Im Mittelpunkt der Darstellung stehen die zwei kontroversen Sichtweisen, die neoklassisch-marktliberale, nach der die Marktwirtschaft als stabil angesehen wird und nach der, wenn Krisen auftreten, diese durch Anpassungsprozesse der Märkte bereinigt werden, und die keynesianische Sicht, nach der Instabilitäten der Marktwirtschaft nur durch staatliche Korrekturen gemildert werden können.

Im Kapitel über die Arbeitslosigkeit wird nach Gründen für die Massenarbeitslosigkeit gefragt, wie sie in Deutschland seit den 1970er Jahren besteht, und es werden auch hier die kontroversen Sichtweisen (neoklassisch-marktliberal einerseits und keynesianisch-staatsinterventionistisch andererseits) dargestellt. Als zentral kristallisiert sich die Frage heraus, ob durch die Verbilligung der Löhne und die Begünstigung der Unternehmen (Angebotsansatz) diese zur Einstellung von mehr Arbeitskräften veranlasst werden können und dadurch eine Überwindung der Arbeitslosigkeit möglich wird. Solche Lösungsmöglichkeiten bezweifeln Keynesianer, da sie die Arbeitslosigkeit als Folge gesamtwirtschaftlicher Strukturprobleme sehen. Die deutschen Arbeitsmarktreformen ab 2003 (Hartz-Gesetze) werden als Beispiel marktliberaler Reformpolitik beschrieben.

Im vierten Kapitel werden die Funktionsweise des Geldsystems und die Frage nach der Gefährdung des Systems durch Inflation (allgemeine Preissteigerungen) behandelt. Die europäische Geldordnung (Euro), wie sie durch die Europäische Zentralbank gesichert wird, wird in Grundzügen erläutert.

Die ersten vier Kapitel sollen auch helfen, im letzten Teil die jüngste Finanz- und Wirtschaftskrise in ihren grundsätzlichen Zusammenhängen nachvollziehbar zu machen. Dabei wird nach der Entstehung der Finanzkrise auf dem US-Immobilienmarkt und bei weiteren Spekulationsblasen gefragt. Die staatlichen Versuche zur Stabilisierung der Finanzmärkte und der Realwirtschaft werden beschrieben. Schließlich ist zu fragen, ob Aufgaben des Staates in einer sozialen Marktwirtschaft unter den Bedingungen einer globalisierten Wirtschaft neu bestimmt werden müssen.

Der Verfasser bemüht sich, in dieser Einführung eine zu abgehobene Fachsprache, wo immer es möglich ist, zu vermeiden und ökonomische Argumentationen auch für Leser ohne wirtschaftswissenschaftliche Vorkenntnisse verständlich zu machen.

1. Vom Laissez-faire zur sozialen Marktwirtschaft

Nach allgemeinem Verständnis wird die Wirtschaftordnung Deutschlands mit dem Begriff „Soziale Marktwirtschaft" gekennzeichnet. Das Grundgesetz kennt zwar den Begriff nicht, dort ist aber die Rede vom „sozialen Rechtsstaat" und vom „sozialen Bundesstaat". Die kapitalistische Marktwirtschaft soll offenbar durch staatliche Korrekturen im Interesse der Allgemeinheit ergänzt werden. Ausgangspunkt in diesem Kapitel ist die sich selbst steuernde Marktwirtschaft, wie sie im (mikroökonomischen) Marktmodell der Wirtschaftstheorie dargestellt wird (Abschnitt 1.1). Aus diesem Modell lassen sich wirtschaftsliberaler Marktoptimismus und Laissez-faire-Forderungen im Hinblick auf die Rolle des Staates in der Marktwirtschaft ableiten (Abschnitt 1.2). Zweifel an dem Harmonie- und Stabilitätsoptimismus des Wirtschaftsliberalismus ergaben sich im Zusammenhang mit der „sozialen Frage" des 19. Jahrhunderts und in der Weltwirtschaftskrise der 1930er Jahre (Abschnitte 1.2 und 1.3). In der Theorie der Wirtschaftspolitik und in der politischen Praxis wurden daraufhin Vorstellungen von Staatsinterventionismus (Sozialpolitik, Konjunkturpolitik) dem Laissez-faire-Denken entgegengesetzt, die in Deutschland in das Konzept einer sozialen Marktwirtschaft eingingen (Abschnitt 1.4). Eingriffe des Staates in die Marktwirtschaft (Staatsinterventionismus) erfordern Informationen über gesamtwirtschaftliche (makroökonomische) Zusammenhänge (Abschnitt 1.5).

1.1 Das Selbststeuerungsmodell der Marktwirtschaft

In einer Marktwirtschaft als arbeitsteiliger Tauschwirtschaft wird ständig von vielen privaten Haushalten und Unternehmen entschieden, was produziert und konsumiert werden soll. Das besondere Problem der Marktwirtschaft ist, dass es keine zentrale Instanz (z.B. Planungsbehörde) gibt, die die vielen dezentralen Entscheidungen der Haushalte und Unternehmen koordiniert. Diese Aufgabe haben die Märkte. Es müssen Austauschprozesse zwischen Rohstoffproduktion und Herstellung von Fertigprodukten über Märkte abgestimmt werden. Insbesondere muss dafür gesorgt werden, dass am Ende die Dinge produziert werden, die die Konsumenten (die privaten Haushalte) haben möchten. Dies ist gleichzeitig die Frage: Für welche Produktion sollen die Ressourcen (die Quellen der Produktion) oder – wie man auch sagt – die Produktionsfaktoren (Arbeit, Kapital, Boden) eingesetzt werden? Diesen Vorgang bezeichnet man auch als Allokation (in eine bestimmte Verwendung lenken). Die wirtschaftlichen Allokationsprozesse finden über Angebot und Nachfrage auf Märkten statt. Dies ist die Selbststeuerung der Marktwirtschaft mit Hilfe des Marktmechanismus.

Die theoretische Analyse des Marktmechanismus geht aus vom Anbieter- und Nachfragerverhalten auf den Märkten. Diesen Ansatz bezeichnet man als mikroökonomische Theorie, weil man die Volkswirtschaft von der Mikrowelt typischer individueller Entscheidungen aus betrachtet im Gegensatz zur Makroökonomie, bei der Beziehungen zwischen gesamtwirtschaftlichen Größen (Sozialprodukt, Preisniveau, Arbeitslosenquote) analysiert werden (Abschnitt 1.5).

Ausgangspunkt und Grundlage für die Analyse von Märkten in der Wirtschaftstheorie ist ein Marktmodell, mit dem man versucht, wesentliche Merkmale der Realität in vereinfachter Weise darzustellen. Beim einfachen Marktmodell macht man die Annahme, dass Angebots- und Nachfragemengen allein von der Höhe der jeweiligen Güterpreise abhängen. Außerdem nimmt man an, dass auf den betrachteten Märkten vollkommene Konkurrenz besteht (keine monopolistische Marktbeherrschung, allgemein freier Marktzugang, vollständige Information der Marktteilnehmer). Die Aussagen einer solchen Modellbetrachtung können nur dann wahr sein, wenn die gemachten Annahmen der Realität entsprechen. Um die Modelle der Realität anzunähern, werden die Annahmen in der Theorie variiert (z.B. Modelle von Märkten mit unvollkommener Konkurrenz).

Eine zentrale Rolle im mikroökonomischen Marktmodell spielen die Güterpreise. Sie bilden sich am Markt als Gleichgewichtspreise beim Zusammentreffen von Angebot und Nachfrage. Dieser Zusammenhang ist in Abbildung 1 dargestellt. Der Verlauf der Angebotskurve (A) ergibt sich aus der Vermutung, dass die Angebotsmenge umso größer ist, je höher der Preis ist. Der Verlauf der Nachfragekurve (N) entspricht der Vermutung, dass bei hohen Preisen die Nachfrage gering ist.

Abbildung 1: Marktmodell

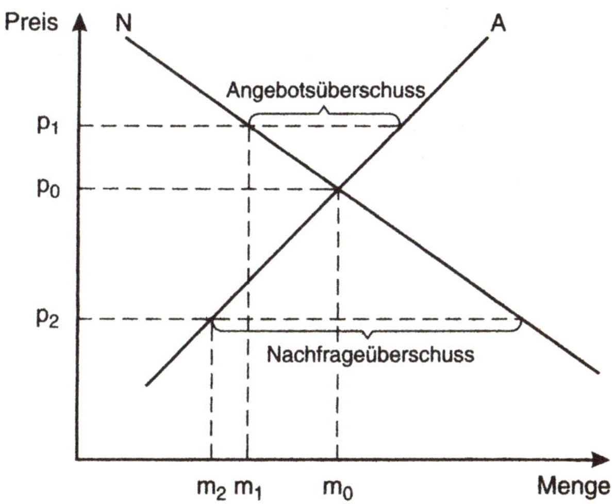

In der Darstellung existiert nur ein Preis (p_0), bei dem die Produzenten gerade so viel anbieten (m_0), wie die Nachfrager zu kaufen bereit sind. Den Preis p_0 bezeichnet man in diesem Fall als Gleichgewichtspreis: Angebot und Nachfrage sind gleich, der Markt ist im Gleichgewicht. Bei jedem anderen Preis als p_0 würde entweder ein Angebotsmengenüberschuss oder ein Nachfragemengenüberschuss entstehen. Beim Preis p_1 würden die Nachfrager nur die Menge m_1 kaufen, die Anbieter würden jedoch eine weit größere Menge verkaufen wollen (Angebotsüberschuss). Die mögliche Tauschmenge wäre in diesem Fall durch die Kaufbereitschaft der Nachfrager begrenzt. Beim Preis p_2 würden die Anbieter nur die Menge m_2 auf den Markt bringen, die Nachfrager wären jedoch an einer weit größeren Menge interessiert (Nachfrageüberschuss). Die bei diesem Preis zu tauschende Menge wäre durch die Angebotsmenge m_2 begrenzt. Beim Gleichgewichtspreis p_0 würden die meisten Anbieter und Nachfrager zum Zuge kommen: Es würde die größte Tauschmenge zustande kommen.

Wäre in einer bestimmten Situation ein Angebotsüberschuss vorhanden, so dürften die Anbieter im Wettbewerb zueinander versuchen, durch Preiszugeständnisse ihre Warenlager abzubauen. Der Preis würde in Richtung auf den Gleichgewichtspreis sinken. Ein umgekehrter Anpassungsprozess würde durch einen Nachfrageüberschuss eingeleitet werden (Preissteigerungen). Die Preise haben in diesem Modell eine wichtige Signalfunktion, bei Marktknappheit steigen sie, bei Angebotsüberschuss fallen sie.

Die bisherige Betrachtung des Marktmodells richtete sich auf die Bildung des Gleichgewichtspreises bei einem angenommenen Angebots- und Nachfrageverhalten (dargestellt durch bestimmte Angebots- und Nachfragekurven). Man kann die Analyse weiterführen, indem man fragt, was geschieht, wenn sich das Anbieter- oder Nachfragerverhalten ändert. Ein besonders interessanter Fall ist der einer Änderung der Konsumentenwünsche und die Frage, wie die Anbieter (die Produktionsunternehmen) darauf reagieren. Bei diesem Vorgang kann man den Marktmechanismus in Aktion darstellen. Als Beispiel kann man sich den Fall vorstellen, dass die Verbraucher in einer spontan sich ausbreitenden Beunruhigung über die Gesundheitsgefahren des Butterkonsums verstärkt Margarine nachfragen. Diese Ausgangssituation löst nun eine Wirkungskette aus:

- Die kräftig gestiegene Nachfrage nach Margarine übersteigt das gegenwärtige Angebot erheblich, es entsteht eine Verknappung von Margarine.
- Folge der Knappheit ist ein Steigen der Preise für Margarine.
- Unveränderte Kosten vorausgesetzt, bedeuten höhere Preise größere Gewinne für die Margarinehersteller.
- Diese werden dadurch motiviert, die Produktionsmenge und damit das Angebot von Margarine auszuweiten.
- Unternehmen, die bisher keine Margarine herstellten, werden, angeregt durch die hohen Gewinne, in die Margarineproduktion einsteigen. Dadurch wird der Wettbewerb verstärkt. Das Margarineangebot erhöht sich weiter.
- Die Ausweitung der Margarineproduktion ist kurzfristig nur möglich, indem mehr Maschinen und Arbeitskräfte für diese Produktion eingesetzt werden. Da die Nachfrage nach Butter zurückgegangen ist, können die Produktionsfaktoren aus der Butterproduktion abgezogen werden.
- Durch das erhöhte Margarineangebot wird die Knappheit tendenziell beseitigt. Die Preise sinken in die Nähe der Kosten. Knappheitsgewinne verschwinden, die Gewinne normalisieren sich.
- Das wichtigste Ergebnis: Die Margarineproduktion wird erweitert in dem Maße, wie dies von den Konsumenten gewünscht wird. Der Marktmechanismus sorgt für eine Umlenkung der Produktionsfaktoren (Reallokation der Ressourcen).

Eine ähnliche Wirkungskette des Marktmechanismus könnte man auch für den Fall einer Produktionseinschränkung aufgrund gesunkener Nachfrage (im Beispiel: Butter) nachzeichnen. Angebotsüberschuss, Preisverfall und Verluste der Hersteller führen dann zum Produktionsrückgang.

Die wichtigsten Elemente des Marktmechanismus sind die

Preise als Knappheitsindikator, die Gewinne als Handlungsmotiv und der Marktwettbewerb. Der britische Ökonom Adam Smith (1723-1790), der mit seinem Buch über den „Wohlstand der Nationen" (1776) die Nationalökonomie als eigenständige Wissenschaft begründete, prägte für den beschriebenen Selbststeuerungsmechanismus der Marktwirtschaft den Begriff der „unsichtbaren Hand". Das (egoistische) Gewinninteresse der Unternehmer und der freie Marktwettbewerb würden durch die Marktprozesse gewissermaßen hinter dem Rücken der Akteure zum größten Nutzen für alle Beteiligte (Unternehmer und Konsumenten) führen.

Das dargestellte Selbststeuerungsmodell der Marktwirtschaft funktioniert nur unter bestimmten Bedingungen, insbesondere unter der der vollkommenen Konkurrenz auf den Märkten. Erlangen Unternehmen marktbeherrschende Positionen (Monopole), können diese die angebotenen Waren künstlich verknappen, um die Preise in die Höhe zu treiben und so den Gewinn zu vergrößern, anstatt die von den Konsumenten gewünschten Mengen zu produzieren. Unter Monopolen versteht man Marktanbieter, die einen Markt beherrschen, entweder in der Form großer Konzerne oder als Kartelle (Unternehmen, die Vereinbarungen zur gemeinsamen Marktbeeinflussung treffen). Bei sogenannten Oligopolen sind nur wenige große Unternehmen als Anbieter auf dem Markt, die meist einen Preiswettbewerb vermeiden. Damit sind auf oligopolistischen Märkten die Preise meist höher als auf Wettbewerbsmärkten.

Smith, der als wichtigster Vertreter der sogenannten klassischen Nationalökonomie gilt, hat die Preisbildung an Märkten aus Arbeitsaufwand und Kosten erklärt (objektive Werttheorie). Spätere Ökonomen (etwa ab 1870), die man als Neoklassiker bezeichnet, haben ihre Vorstellungen vom Marktmodell und der Preisbildung aus subjektiven Nutzenschätzungen der Nachfrager abgeleitet. Diese neoklassische Marktlehre ist die heute herrschende mikroökonomische Theorie.

1.2 Wirtschaftsliberalismus und Sozialpolitik

Adam Smith war der Meinung, dass eine Wirtschaft mit freien Märkten für die Gesellschaft den größtmöglichen Wohlstand schafft. Staatliche Eingriffe in den Marktmechanismus wirkten eher hemmend für private Unternehmerinitiative und die Entwicklung des allgemeinen Wohlstands. Daher forderte Smith so wenig staatliche Betätigung in der Wirtschaft wie möglich. Er formulierte damit die Grundposition des Wirtschaftsliberalismus.

Smith sah aber sehr wohl notwendige Aufgaben für den Staat beim Schaffen allgemeiner Voraussetzungen für eine funktionierende Marktwirtschaft: Landesverteidigung, Sicherung der inneren Ordnung (Gesetzte, Rechtsprechung, Polizei) und Sorge für Einrichtungen, die man heute als Infrastruktur bezeichnet (Straßen, Kanäle, Häfen, Bildungswesen).

Der zweite wichtige Repräsentant der klassischen Nationalökonomie, der Engländer David Ricardo (1772-1823), folgte Smith in der Forderung nach Marktfreiheit insbesondere mit seiner theoretischen Begründung der Vorteile international freier Märkte, bei denen Exporte und Importe nicht durch staatliche Politik behindert werden (Freihandel).

Außerdem lehnte Ricardo mit dem Hinweis auf die Funktionsweise von Arbeitsmärkten staatliche Armenunterstützung ab. Anfang des 19. Jahrhunderts hatte die industrielle Revolution in England nicht nur großen neuen Reichtum hervorgebracht, sondern auch verbreitete Armut bei der neu entstandenen Industriearbeiterschaft. Armenunterstützung würde nach Ricardo zunächst die Lebensbedingungen der Arbeiter verbessern und diese zum Gründen von Familien anregen, was die Arbeiterbevölkerung vermehren würde. Das hätte nach einiger Zeit ein Überangebot am Arbeitsmarkt und sinkende Löhne zur Folge. Staatliche Armenunterstützung wäre wirkungslos. Das ist ein charakteristisches Beispiel für die Forderung nach wirtschaftspolitischem Laissez-faire (lasst machen): Man soll die Wirtschaft den Marktkräften überlassen.

Der Gegensatz zwischen Arm und Reich, der sich im Zuge der weiteren Industrialisierung im Kapitalismus des 19. Jahrhunderts zuspitzte, führte zur Entstehung einer Arbeiterbewegung, die zum Teil mit Reformen die Lage der Arbeiter verbessern wollte, zum Teil aber auch das Ziel einer sozialistischen Revolution (Karl Marx) verfolgte. Die staatliche Obrigkeit und auch das Besitzbürgertum waren beunruhigt. In Deutschland sprach man in der zweiten Hälfte des 19. Jahrhunderts von der „sozialen Frage", für die man Lösungen suchte. Die Regierung des deutschen Kaiserreiches reagierte auf die sozialen Probleme zunächst mit einem Verbotsgesetz (Sozialistengesetz 1878), dann aber auch in den 1880er Jahren mit einer Abkehr vom wirtschafts- und sozialpolitischen Laissez-faire. Unter dem Reichskanzler Bismarck wurden Sozialversicherungen für gewerbliche Arbeiter eingeführt, die – wenn auch zunächst geringe – Hilfen in den Fällen von Krankheit, Unfällen, Invalidität und Alter gewährten. Das Bismarck'sche Sozialversicherungssystem ist in wesentlichen Strukturen in Deutschland bis heute erhalten. Es ist ein wesentlicher Teil der Wirtschafts- und Sozialordnung, die mit der Gründung der Bundesrepublik (1949) entstand und das Etikett Soziale Marktwirtschaft erhielt.

1.3 Die Weltwirtschaftskrise der 1930er Jahre – das Ende des Laissez-faire

Von einschneidender Bedeutung für das ökonomische Denken und für das weitere Verhältnis von Staat und privater Wirtschaft war die Weltwirtschaftskrise, die 1929 ausbrach und bis in die 1930er Jahre andauerte. Als Beginn der Krise wird häufig der New Yorker Börsenkrach vom Oktober 1929, der sogenannte Schwarze Freitag, angesehen. Allerdings war die bisher tiefste wirtschaftliche Depression im Verlauf der kapitalistischen Entwicklung im 19. und 20. Jahrhundert nicht einfach das Ergebnis einer Börsenspekulation und des darauf folgenden heftigen Rückgangs der Aktienkurse. Wirtschaftshistoriker meinen vielmehr, dass es gewichtigere Ursachen der Krise gab als die Entwicklung der Börsenkurse. In den USA konnte man bereits mehrere Monate vor dem Börsenkrach einen Rückgang der Güternachfrage und der gesamtwirtschaftlichen Produktion beobachten. Die Unternehmen hatten den Nachholbedarf nach dem Ersten Weltkrieg zum Anlass genommen, die Produktionskapazitäten stärker auszudehnen, als es die Nachfrageentwicklung auf die Dauer gerechtfertigt hätte. Am Beginn der Weltwirtschaftskrise stand also ein ganz „normaler" konjunktureller Abschwung. Die Börse reagierte darauf.

Es gab jedoch verstärkende Faktoren, die das Abgleiten der Krise in die große Depression begünstigten. Dem Börsenkrach im Herbst 1929 waren über längere Zeit hohe spekulative Kurssteigerungen vorausgegangen. Ein hoher Anteil der Aktienkäufe wurde in der Hoffnung auf Kursgewinne über Kredite finanziert. Mit dem Rückgang der Aktienkurse kamen auch kreditgebende Banken in Schwierigkeiten und mussten daher anderen Kunden, z.B. Produktionsunternehmen, die Kredite kündigen oder kürzen. Solche Unternehmen gerieten dann ebenfalls in Zahlungsschwierigkeiten, viele mussten Konkurs anmelden. In den USA brachen damals mehrere hundert Banken zusammen.

Ein zweiter verstärkender Faktor war der schlecht geordnete Zustand der internationalen Wirtschafts- und speziell der Währungsbeziehungen. Dies war auch der Hauptgrund dafür, dass die 1929 beginnende Krise zur Weltwirtschaftskrise wurde. Als Folge des Ersten Weltkrieges waren die USA zur führenden Wirtschaftsmacht und zum größten Gläubigerland der Welt geworden. Durch hohe Einfuhrzölle behinderten die USA jedoch die Schuldnerländer dabei, die Kredite durch Warenlieferungen an die USA zurückzuzahlen. Dies traf insbesondere Deutschland, das seinen Reparationsverpflichtungen nach dem Ersten Weltkrieg zum großen Teil nachzukommen versuchte, indem es sich bei den USA verschuldete. Hinzu kam, dass viele internationale Kredite in den 1920er Jahren nur kurzfristig vergeben wurden. Eine Finanzierung von Schulden, die man allenfalls langfristig zurückzahlen kann, durch kurzfristige Kredite ist immer riskant, da der Schuldner unmittelbar in Zahlungsschwierigkeiten gerät, wenn ein solcher kurzfristiger Kredit zurückgezahlt werden muss und sich kein neuer Kreditgeber findet.

Der Rückgang der Wirtschaftstätigkeit in Deutschland sei an einigen Zahlen demonstriert: Das Bruttoinlandsprodukt verminderte sich zwischen 1929 und 1932 von ungefähr 76 auf 45 Milliarden Reichsmark. Die industrielle Produktion ging noch stärker zurück. Sie erreichte 1932 gerade noch 53 % des Umfangs von 1929. Die Zahl der Arbeitslosen stieg auf über 6 Millionen, d.h., nahezu jede dritte nichtselbstständige Erwerbsperson war ohne Beschäftigung.

Die Regierung Brüning (1930-1932) reagierte auf die Krise mit Sparprogrammen, das heißt, man erhöhte die Steuereinnahmen und kürzte die staatlichen Ausgaben, um auf diese Weise ein Defizit im Staatshaushalt zu vermeiden. Ein Grund für diese Politik war die Befürchtung, dass durch einen defizitären Staatshaushalt inflatorische Tendenzen gefördert würden. Die verbreitete Inflationsfurcht in Deutschland war Folge der Inflation von 1923 mit ihrer Totalentwertung des Geldes. Außerdem wurden von staatlicher Seite allgemeine Lohnkürzungen verordnet.

Insbesondere die staatliche Haushaltspolitik Brünings entsprach den Grundsätzen des wirtschaftsliberalen Laissez-faire-Denkens. Danach soll der Staat die Wirtschaft in der Krise einer Selbstheilung überlassen und seinen Haushalt „neutral" gegenüber der Wirtschaftsentwicklung gestalten. Ausgaben und „ordentliche" Einnahmen (Steuern und Gebühren) sollen grundsätzlich jederzeit ausgeglichen werden, auch in der Krise. Das heißt, es sollen keine Schulden gemacht werden. Im wirtschaftlichen Abschwung geraten die Staatshaushalte allerdings automatisch ins Defizit, weil aufgrund abflauender Wirtschaftstätigkeit die Steuereinnahmen sinken. Will man den Haushalt dann in der Krise ausgleichen, also ein Defizit vermeiden – so wie es die Wirtschaftsliberalen fordern –, so muss man Ausgaben kürzen und/oder Einnahmen (Steuern) erhöhen. Staatliche Ausgabenkürzungen bedeuten Verringerung der gesamtwirtschaftlichen Nachfrage, Verminderung unternehmerischer Absatzmöglichkeiten und damit eine Gefährdung von Arbeitsplätzen. Durch staatliche Sparpolitik kann also die Krise noch verschärft werden (vgl. Kapitel 2 und 5.4).

Die Wirtschaftskrise war begleitet von politischer Destabilisierung. Die Wählerstimmen der Nationalsozialisten wuchsen beträchtlich an. Die „Machtergreifung" Hitlers (1933) – eher eine Machtübergabe durch damals herrschende Kreise – war jedoch keine zwingende Folge der Weltwirtschaftskrise. Die Ursachen der nationalsozialistischen Erfolge sind eher in der deutschen Gesellschafts- und Politikgeschichte zu suchen. Die Weltwirtschaftskrise trug jedoch erheblich zur politischen Destabilisierung der Weimarer Republik bei.

Die beiden letzten Regierungen vor der Machtergreifung der Nationalsozialisten, die nur wenige Monate im Amt waren, haben eine im Vergleich zu Brünings Politik entgegengesetzte Wirtschaftspolitik betrieben. Mithilfe von Steuererleichterungen, Ausgabenprogrammen und direkten Arbeitsbeschaffungsmaßnahmen versuchte man, die Wirtschaft wieder anzukurbeln und die Arbeitslosigkeit zu verringern. Zur Rettung der Weimarer Republik konnte diese Politik nicht mehr beitragen. Hitler schließlich gelang es, durch Fortführung der genannten Programme in relativ kurzer Zeit Wirtschaftskrise und Arbeitslosigkeit zu überwinden. Hauptmaßnahmen, die dabei halfen, neue Arbeitsplätze zu schaffen, waren der Autobahnbau und die militärische Aufrüstung.

Mit anderen politischen Vorzeichen begann man während der Weltwirtschaftskrise auch in den USA eine Wirtschaftspolitik zu betreiben, die man als Abkehr von wirtschaftsliberaler Laissez-faire-Politik verstehen kann. Die neue Politik des Staatsinterventionismus unter Präsident Roosevelt ging unter dem Namen New Deal (wörtlich übersetzt: neues Kartengeben im Spiel) in die Geschichte ein. Der New Deal entsprach keinem einheitlichen Konzept. Er bestand aus vielen Einzelmaßnahmen. Neben dem Aufbau eines Sozialversicherungssystems wurden auch staatliche Ausgabenprogramme zur Ankurbelung der Wirtschaft aufgelegt.

Angesichts äußerster Bedrohung der parlamentarischen Systeme durch den Faschismus, vor allem aber des marktwirtschaftlich-kapitalistischen Systems durch eigene Krisenhaftigkeit und mögliche sozialistische Revolutionen (wegen Massenarbeitslosigkeit bei schlechter sozialer Absicherung), kam es zu einem Umdenken bei vielen Politikern und Ökonomen. Die wirtschaftsliberale Empfehlung des Laissez-faire (der Staat solle Krisen als „Reinigungskrisen" ablaufen lassen) wurde als Gefährdung des kapitalistisch-marktwirtschaftlichen Systems gesehen, und es wurde ein konjunktur- und beschäftigungspolitischer Staatsinterventionismus (Intervention = Eingreifen) gefordert.

Der bekannteste Kritiker von Neoklassik und Laissez-faire war der englische Ökonom John Maynard Keynes (1883-1946). Bereits vor der Weltwirtschaftskrise verkündete Keynes in einem viel beachteten Vortrag das „Ende des Laissez-faire". So hieß auch der Titel eines Vortrags von ihm, der 1926 veröffentlicht wurde. Die zentrale These lautete: Seit dem Ende des 19. Jahrhunderts habe eine zunehmende Monopolisierung der Märkte durch Kartelle und große Konzerne stattgefunden. Damit sei die wichtigste Voraussetzung für ein wirtschaftspolitisches Laissez-faire, nämlich das Funktionieren eines freien Wettbewerbs zwischen gleichberechtigten Marktteilnehmern (vollkommene Konkurrenz), nur noch mit Einschränkungen gegeben. Daraus sei die Konsequenz zu ziehen, dem Staat Steuerungsfunktionen in der Gesamtwirtschaft zu geben, um Fehlentwicklungen zu vermeiden. Im Jahre 1936 veröffentlichte Keynes sein Buch „Allgemeine Theorie der Beschäftigung, des Zinses und des Geldes". Darin formulierte er seine Kritik an der neoklassisch-liberalen Wirtschaftstheorie und seine Empfehlungen staatlicher Eingriffe, um Konjunkturschwankungen zu glätten und Arbeitslosigkeit zu bekämpfen (vgl. Abschnitt 2.3).

Auch für Vertreter des Wirtschaftsliberalismus war die Weltwirtschaftskrise Anlass zu einer Neuorientierung des Wirtschaftsliberalismus. Diese Denkrichtung wurde als Neoliberalismus, in Deutschland zum Teil als Ordoliberalismus bezeichnet. Deren

Hauptvertreter war der Freiburger Hochschullehrer Walter Eucken (1891-1950). Man sprach daher auch von der Freiburger Schule der Nationalökonomie. Die Ordoliberalen sahen, dass es seit dem Ende des 19. Jahrhunderts eine Tendenz zur Bildung wirtschaftlicher Monopole gab. Diese können die positiven Wirkungen der Marktsteuerung stören, denn eine wesentliche Voraussetzung für das Funktionieren des Marktmechanismus ist das Bestehen von Marktwettbewerb. Die Ordoliberalen kritisierten eine Laissez-faire-Haltung staatlicher Politik, die die Bildung monopolistischer Strukturen nicht verhinderte. Der Staat sollte nach Ansicht der Ordoliberalen Monopole verbieten (Kartellgesetz, Kartellaufsicht) und versuchen, die Marktform der vollkommenen Konkurrenz herzustellen. Wenn durch diese Wettbewerbspolitik (auch Ordnungspolitik genannt) das Funktionieren des Marktmechanismus gesichert wird, kann der Staat auf weitergehende Eingriffe in die Marktwirtschaft (Prozesspolitik) verzichten. Zum staatlich gesetzten Rahmen für die Marktwirtschaft soll außerdem vor allem eine staatlich gesicherte stabile Geldordnung gehören. Die Ordoliberalen waren davon überzeugt, dass durch die Sicherung der vollkommenen Konkurrenz die Marktwirtschaft genügend innere Stabilität und Anpassungsfähigkeit hätte, dass Krisen vom Ausmaß der Weltwirtschaftskrise der 1930er Jahre vermieden werden könnten. Konjunkturpolitik keynesianischer Art sei entbehrlich.

Der Neoliberalismus am Beginn der Nachkriegsentwicklung vor allem in Deutschland wandte sich kritisch gegen den Laissez-faire-Liberalismus, der monopolistische Strukturen in der Marktwirtschaft entstehen ließ. Darin und in der Forderung nach begrenzten Staatseingriffen (Wettbewerbspolitik und zum Teil auch Sozialpolitik) konnte man das damals „Neue" am Wirtschaftsliberalismus sehen. Die in neuerer Zeit (meist kritisch) als Neoliberale bezeichneten Ökonomen dagegen wenden sich gegen die heutige Staatstätigkeit in der sozialen Marktwirtschaft und fordern ein Zurück zu einer in vielen Merkmalen eher „freien Marktwirtschaft". Darin wird das „Neue" im heute vertretenen Neoliberalismus gesehen.

1.4 Die Soziale Marktwirtschaft in Deutschland

Die in Deutschland als „Soziale Marktwirtschaft“ bezeichnete Wirtschaftsordnung wurde als Programm zuerst formuliert in den „Düsseldorfer Leitsätzen“ der CDU von 1949. Im Konzept der Sozialen Marktwirtschaft geht man von der Grundidee aus, dass eine Wirtschaft mit Privateigentum an Produktionsmitteln und freier Marktsteuerung die beste Versorgung der Bevölkerung sichere. Der Staat solle nur dort in die Wirtschaft eingreifen, wo die freie Wettbewerbswirtschaft behindert wird (durch Monopole) und in besonderen Fällen, wenn die Ergebnisse nicht befriedigen (etwa im sozialen Bereich). Demgemäß sollten nach dem Modell der Sozialen Marktwirtschaft die staatlichen Eingriffe in die Marktwirtschaft im Wesentlichen beschränkt werden auf Wettbewerbspolitik (Monopolkontrolle) und auf Sozialpolitik.

Den theoretischen Hintergrund für dieses Wirtschaftsprogramm bildet der damalige deutsche Neoliberalismus. Einzelne Vertreter dieser Denkrichtung wie Alfred Müller-Armack, der den programmatischen Begriff „Soziale Marktwirtschaft“ prägte, hatten weitergehende Vorstellungen von staatlichen Aufgaben als einige Ordoliberale. Er forderte z.B. sozialpolitische Einkommensumverteilung (Müller-Armack 1956). In diese Richtung zielten auch Vorstellungen der katholischen Soziallehre, deren Einfluss in den Düsseldorfer Leitsätzen erkennbar ist. Das wirtschaftspolitische Konzept der CDU erhielt für die Entwicklung Deutschlands deswegen Bedeutung, weil bis in die 1960er Jahre die Regierungen von der CDU/CSU geführt wurden, vor allem unter dem Bundeskanzler Adenauer und dem Wirtschaftsminister Ludwig Erhard, der als Vater des deutschen Wirtschaftswunders der 1950er Jahre galt. Die SPD hatte Vorstellungen von weitergehend korrigierenden Eingriffen des Staates in die Marktprozesse, identifizierte sich jedoch seit den 1960er Jahren mit dem Konzept der Sozialen Marktwirtschaft.

Als Ergebnis der Wettbewerbspolitik, dem zentralen Anliegen ordoliberaler Ökonomen, entstanden 1957 das Kartellgesetz (Gesetz gegen Wettbewerbsbeschränkungen) und das Bundeskartellamt. Der Prozess zunehmender Konzentration in der Wirtschaft (Zusammenschluss zu immer größeren Konzernen) konnte durch Kartellgesetzt und Kartellamt nicht verhindert werden.

Neben der Wettbewerbspolitik ist die Sozialpolitik der zweite Hauptprogrammpunkt der Sozialen Marktwirtschaft. Bis in die 1970er Jahre fand ein weitreichender Ausbau des Sozialstaats statt: Hilfe für Kriegsopfer, sozialer Wohnungsbau, dynamische Altersrente (Rentenerhöhungen entsprechend Lohnerhöhungen), Sozialhilfe als Rechtsanspruch, Lohnfortzahlung bei Krankheit, später noch: Berücksichtigung von Erziehungszeiten bei der Rentenberechnung, Pflegeversicherung. Damit sind nur einige Schritte der Entwicklung des deutschen Sozialstaats genannt.

Der Anteil der Sozialleistungen am Bruttoinlandsprodukt (Sozialleistungsquote) stieg von 22 % (1960) auf 28,5 % (1975) und betrug 28 % im Jahre 2008. Die stark anwachsende Arbeitslosigkeit seit Mitte der 1970er Jahre (Kapitel 3) und die Wiedervereinigung, bei der die westdeutsche Wirtschafts- und Sozialordnung auf die ehemalige DDR übertragen wurde, führten zu hohen Belastungen für den Sozialstaat. Man nahm sodann Leistungskürzungen vor (z.B. Zuzahlungen bei Krankheitskosten, Hartz-IV-Gesetze). Für viele gilt die sozialstaatliche Absicherung als wichtiger Erfolg der Sozialen Marktwirtschaft. Es gibt aber auch wirtschaftsliberale Kritiker des Sozialstaats, die dessen Kosten als Belastung für die Wirtschaft (wegen hoher Lohnnebenkosten für die Unternehmen) und als Nachtteil im globalen Standortwettbewerb ansehen.

Die Soziale Marktwirtschaft auf die beiden erläuterten Programmpunkte Wettbewerbspolitik und Sozialpolitik reduzieren zu wollen, wurde zu keiner Zeit der wirtschaftspolitischen Praxis gerecht, wenn man an Aufgabenbereiche wie Regionalpolitik, Wohnungsbaupolitik, Landwirtschaftspolitik, Verbraucherschutz, Umweltpolitik denkt. Daher wird häufig das Modell einer sozialen Markwirtschaft weitereichend interpretiert, als es der ursprünglichen Programmatik entspricht. Allgemein kann man, wie oben bereits gesagt, von einer sozialen Marktwirtschaft sprechen, wenn der Staat dann ordnende und korrigierende Aufgaben übernimmt, wenn die Selbststeuerung der Märkte keine für die Gesellschaft befriedigenden Ergebnisse verspricht.

Ein Hinweis muss ergänzt werden: Sozialstaatliche Leistungen, die ein wesentliches Element einer sozialen Marktwirtschaft sind, haben Deutschland keinen wesentlich anderen Umfang als in den meisten Ländern in (vor allem West-)Europa.

Mit dem Stabilitäts- und Wachstumsgesetz von 1967 (kurz: Stabilitätsgesetz) wurde das Konzept der Sozialen Marktwirtschaft um einen wesentlichen Aufgabenbereich erweitert, die Konjunktur- und Beschäftigungspolitik. Bis Mitte der 1960er Jahre hatte man in der BRD 15 Jahre ununterbrochenes Wirtschaftswachstum erlebt. Kontinuierlich sanken in den 1950er Jahren die zunächst hohen Arbeitslosenzahlen. Seit 1960 herrschte Vollbeschäftigung. Der optimistische Glaube war verbreitet, dass Wirtschaftskrisen der Vergangenheit angehörten, dass Sozialprodukt und Lebensstandard weiter steigen würden und Vollbeschäftigung gesichert sei. Umso mehr wirkte die erste Wirtschaftskrise der BRD 1966/67 wie ein Schock. Das ist aus heutiger Sicht verwunderlich, denn das Bruttoinlandsprodukt ging nicht einmal ernsthaft zurück (-0,3 % im Jahr 1967). Die Arbeitslosenzahl stieg von jahresdurchschnittlich 160 000 (1966) auf 460 000 (1967). Die unerwartete Zunahme der Arbeitslosigkeit in der 1966/67er Krise rief Erinnerungen an die Weltwirtschaftskrise der 1930er Jahre hervor. Die große Koalition aus CDU/CSU und SPD (1966-1969) besann sich auf konjunkturpolitische Instrumente, die den Vorstellungen von Keynes (Abschnitt 2.3) entsprachen. An den Universitäten wurden dessen Theorien damals zwar gelehrt, aber in den krisenfreien Wirtschaftswunderzeiten der 1950er Jahre gab es keinen Bedarf an Konjunkturpolitik und sie widersprach auch dem in der deutschen Wirtschaftspolitik (Ludwig Erhard) vertretenen ordoliberalen Denken.

Im Stabilitätsgesetz werden Bund und Länder verpflichtet, bei wirtschafts- und finanzpolitischen Maßnahmen die Erfordernisse des gesamtwirtschaftlichen Gleichgewichts zu beachten. Im Rahmen der marktwirtschaftlichen Ordnung sollen sie sich an vier wirtschaftspolitischen Zielen orientieren, die im Gesetz allerdings nicht quantifiziert werden:

- Stabilität des Preisniveaus
- hoher Beschäftigungsstand
- außenwirtschaftliches Gleichgewicht
- stetiges und angemessenes Wirtschaftswachstum

Im Zusammenhang mit den genannten vier Zielen der Stabilitätspolitik wird häufig von einem „magischen Viereck“ gesprochen. Man meint damit, dass es anscheinend nicht möglich sei, alle vier Ziele gleichzeitig zu erreichen. Insbesondere wird ein Gegensatz zwischen Preisstabilität und hohem Beschäftigungsstand gesehen. Dabei wird oft auf der Grundlage der so genannten modifizierten Phillipskurve argumentiert, mit der Ergebnisse empirischer Untersuchungen dargestellt werden, die das Zusammentreffen hoher Beschäftigung und hoher Inflation sehen.

Im Stabilitätsgesetz werden mögliche Maßnahmen benannt, die der Staat (hier vor allem Bund und Länder) zur Beeinflussung der Konjunktur ergreifen kann. Dabei geht es im Wesentlichen um Regelungen, die die staatliche Haushaltspolitik (Einnahmen- und Ausgabenpolitik) betreffen. Die Geld- und Kreditpolitik, für die damals die Deutsche Bundesbank zuständig war, wird in diesem Gesetz nicht behandelt. Das Gesetz sieht eine Reihe von Maßnahmen vor, mit denen im Fall eines wirtschaftlichen Ungleichgewichts die gesamtwirtschaftliche Nachfrage beeinflusst werden kann (vgl. Abschnitt 2.3).

Die 1966/67er Krise wurde schnell überwunden, wobei Maßnahmen aus dem Stabilitätsgesetz halfen. Der Optimismus der Wirtschaftswunderzeit, dass die Marktprozesse selbsttätig zu Vollbeschäftigung und wachsendem Wohlstand führten, war durch die 1966/67er Krise beschädigt. Nach der schnellen Überwindung der Krise unter Einsatz keynesianischer Haushaltspolitik war ein neuer Optimismus entstanden: Man glaubte mit dem Stabilitätsgesetz einen Instrumentenkasten parat zu haben, mit dem man Konjunktur- und Beschäftigungsprobleme der Marktwirtschaft jederzeit erfolgreich bewältigen könnte. Diese Hoffnung stieß Anfang der 1970er Jahre auf Zweifel durch das gleichzeitige Auftreten von Inflations- und Stagnationstendenzen (Abschnitt 2.4).

1.5 Makroökonomische Strukturen

1.5.1 Der Wirtschaftskreislauf

Im 18. Jahrhundert entwarf der Franzose François Quesnay (1694-1774) an der Schwelle zur kapitalistischen Epoche ein Kreislaufbild der Wirtschaft, sein „Tableau économique". Als Anregung hatte die Entdeckung des Blutkreislaufs im 17. Jahrhundert gewirkt. Quesnay versuchte mit seiner Kreislaufdarstellung die Entstehung und die Verteilung wirtschaftlicher Werte in einer Wirtschaft mit drei gesellschaftlich-ökonomischen Klassen zu demonstrieren.

Im 19. Jahrhundert griff Karl Marx (1818-1883) den Kreislaufgedanken auf. Er verband ihn mit der Frage, wie sich im Kapitalismus wesentliche Grundstrukturen ständig reproduzieren. Dabei interessierte ihn unter anderem, in welchen Proportionen Investitionsgüter- und Konsumgüterindustrie wachsen müssen, wenn ein allgemeines Gleichgewicht zwischen Produktion (Angebot) und Nachfrage bestehen soll.

Außer Marx fanden sich im 19. Jahrhundert kaum Ökonomen, die ein Interesse daran zeigten, die moderne Marktwirtschaft als Kreislauf gesamtwirtschaftlicher (makroökonomischer) Größen darzustellen. Vorherrschend war die mikroökonomische – vor allem neoklassische – Betrachtungsweise der Wirtschaft. Ausgehend von modellhaft dargestellten Individualentscheidungen (Angebots- und Nachfrageentscheidungen) fragte man nach Preisbildungsvorgängen und Gleichgewichtsbildung auf Märkten (vgl. Abschnitt 1.1). Man entwarf das Wirtschaftsmodell einer allein durch Individualentscheidungen und Preisbildungsprozesse sich selbst steuernden stabilen Wirtschaft.

Erst die Weltwirtschaftskrise der 1930er Jahre drängte die

Nationalökonomen zu einem Überdenken ihrer theoretischen Sichtweise. In der Zeit des vorherrschenden Laissez-faire-Denkens hatten sich die Nationalökonomen weitgehend mit der Rolle wissenschaftlich neugieriger Beobachter eines sich selbsttätig steuernden Systems privater Wirtschaftstätigkeit begnügt. Im Verlauf und infolge der Weltwirtschaftskrise begann man, der Volkswirtschaftslehre eine neue Aufgabe zuzuschreiben. Die Nationalökonomie sollte auch der wissenschaftlichen Politikberatung dienen in einer zunehmend durch Staatsinterventionismus geprägten Marktwirtschaft.

Für diese Aufgabenstellung ist eine vereinfachte Darstellung der Gesamtwirtschaft in der Form eines Kreislaufbildes hilfreich. Um die Summe aller Tauschbeziehungen einer Marktwirtschaft als Wirtschaftskreislauf darzustellen, werden wirtschaftliche Transaktionen (Güter- und Geldströme) zwischen Wirtschaftssektoren (Unternehmen, private Haushalte, Staat und Ausland) zusammengefasst (aggregiert). Von der Volkswirtschaftslehre verlangt man Informationen über Beziehungen zwischen makroökonomischen

Abbildung 2: Wirtschaftskreislauf – Geldströme

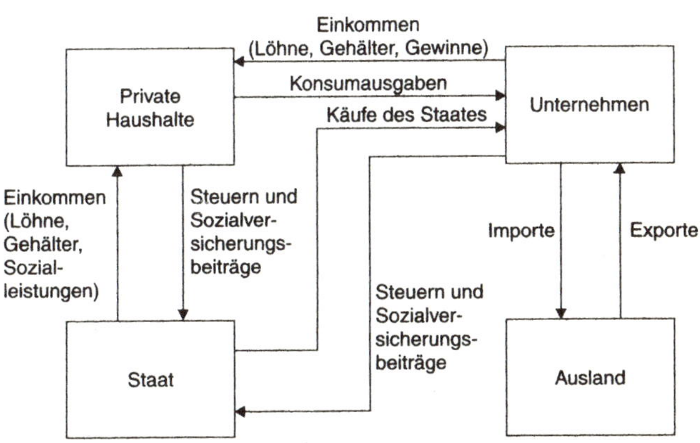

Größen wie Konsum, Sparen, Investitionen, Staatsausgaben, Sozialprodukt, Beschäftigung usw. Auf diese Größen soll der marktwirtschaftliche Interventionsstaat im Wesentlichen indirekt, z.B. durch steuerliche Anreize, einwirken. Den Verzicht auf die Beeinflussung von individuellen Wirtschaftsentscheidungen und den Versuch des Staates, auf makroökonomische Größen einzuwirken, bezeichnet man auch als Globalsteuerung.

In der Volkswirtschaft gibt es reale Transaktionen (Güter, Leistungen) zwischen den Sektoren, für die als Gegenleistungen Geldzahlungen fließen. Im Kreislaufbild der Wirtschaft kann man also einen realen Kreislauf und einen gegenläufigen Geldkreislauf zeichnen. Abbildung 2 enthält allerdings nur Geldströme. Diese Vereinfachung ist gerechtfertigt, wenn man bedenkt, dass den meisten Geldströmen ein wertmäßig entsprechender Leistungsstrom zugrunde liegt. Konsumgüterkäufe führen z.B. zu einem Geldstrom von den privaten Haushalten zu den Unternehmen, Exporte führen zu Geldzuflüssen vom Ausland an die inländischen Unternehmen usw. Eine Ausnahme bilden die Steuern und andere Zwangsabgaben, die die privaten Wirtschaftseinheiten an den Staat abführen müssen. Diese Geldströme beruhen nicht unmittelbar auf einer entsprechenden realen Gegenleistung.

Dem bisher sehr einfachen Kreislaufschema müsste noch ein weiterer Sektor hinzugefügt werden, um die wichtigsten Kreislaufströme zu erfassen, eine Sammelstelle für Finanzkapital (z.B. Banken, Versicherungen), die die Ersparnisse der privaten Haushalte aufnimmt und diese etwa als Kredite an die Unternehmen (zur Finanzierung von Investitionen) weiterleitet.

Gesamtwirtschaftliche Kreislaufdarstellungen kann man auch in die Form eines Kontensystems bringen. Man registriert dann für jeden Sektor alle zufließenden und alle abfließenden (Geld-) Ströme auf einem Konto. Damit hat man ein System für eine „volkswirtschaftliche Gesamtrechnung". Daraus lassen sich am Ende eines Jahres alle für die Wirtschaftspolitik bedeutenden aggregierten gesamtwirtschaftlichen Größen ermitteln.

1.5.2 Zur Berechnung des Sozialprodukts

Die Leistungsfähigkeit einer Volkswirtschaft wird im Allgemeinen an der Größe und am Wachstum des Sozialprodukts abgelesen. Auch die Stabilität einer Wirtschaft misst man an der Entwicklung des Sozialprodukts. Ein sinkendes Sozialprodukt ist ein Hinweis auf einen Konjunktureinbruch. Das Sozialprodukt ist die Summe aller in Geld bewerteten Güter und Dienstleistungen, die in einer Volkswirtschaft während eines Jahres erzeugt werden. Der Begriff „Sozialprodukt" wird in diesem Buch als allgemeiner Ausdruck für die jährliche Gesamtproduktion einer Volkswirtschaft, nicht als genau definierter Begriff der Statistik benutzt. Über die Entwicklung des Sozialprodukts wird in der Statistik der volkswirtschaftlichen Gesamtrechnung informiert. Seit 1999 gilt in der Europäischen Union das „Europäische System Volkswirtschaftlicher Gesamtrechnungen 1995".

Als Messgröße für das Sozialprodukt wird das Bruttoinlandsprodukt (BIP) benutzt. Es umfasst den Wert aller im Laufe eines Jahres im Inland erstellten Güter und Dienstleistungen. Eine Schlüsselgröße für die Beschreibung des volkswirtschaftlichen Erfolges ist das Wirtschaftswachstum. Man misst es mit der prozentualen jährlichen Zuwachsrate des Bruttoinlandsprodukts. Vergleicht man das BIP in zwei aufeinander folgenden Jahren zu jeweiligen Preisen, so ergibt sich das nominale Wirtschaftswachstum. Da die Preise der Güter normalerweise steigen, erhöht sich damit rechnerisch auch das BIP. Im Umfang der Preissteigerungen findet natürlich kein realer Zuwachs statt. Um das reale Wirtschaftswachstum zu ermitteln, muss man den Prozentsatz der Preissteigerungen abziehen. Beispiel: nominales Wachstum 4 %, Preissteigerungen 1,5 %, also reales Wirtschaftswachstum 2,5 %.

Es gibt grundsätzlich drei Arten, das Sozialprodukt zu berechnen und zu gliedern: die Entstehungsrechnung, die Verteilungsrechnung und die Verwendungsrechnung.

Bei der Entstehungsrechnung zählt man zunächst alle Verkäufe der Unternehmen zusammen. Um Doppelzählungen zu vermeiden, müssen Vorleistungen abgezogen werden. Das sind solche

Güter, die Unternehmen von anderen Unternehmen kaufen, um sie weiterzuverarbeiten oder weiterzuverkaufen. Die staatliche Wertschöpfung wird, weil es normalerweise keine staatlichen „Verkäufe" gibt, mit ihren Kosten erfasst. Man erhält das BIP, dessen Entstehung man Wirtschaftssektoren (Landwirtschaft, produzierendes Gewerbe, Dienstleistungen) zuordnen kann.

Addiert man zum BIP die Erwerbs- und Vermögenseinkommen, die von der übrigen Welt ins Land fließen, und zieht man die Einkommen, die ins Ausland fließen, ab, so erhält man das Bruttonationaleinkommen (Bruttosozialprodukt).

Gleichzeitig mit der Herstellung des BIP entstehen Einkommen bei den Beteiligten. Die Summe aller Erwerbs- und Vermögenseinkommen ist das Volkseinkommen. Um dieses zu errechnen, muss man zunächst vom Bruttonationaleinkommen die Abschreibungen abziehen. Man erhält das Nettonationaleinkommen. Abschreibungen nehmen die Unternehmen vor, um damit den Verschleiß von Produktionsanlagen zu bewerten. Ein Teil des Bruttonationaleinkommens wird benötigt, um die Erneuerung der beim Produzieren verbrauchten Anlagen zu finanzieren. Deshalb zieht man diese Wertgröße (Abschreibungen) vom Bruttonationaleinkommen ab und erhält – wie bereits gesagt – das Nettonationaleinkommen. Die Abschreibungen machten im Jahre 2008 in Deutschland ungefähr 15 % des Bruttoinlandsprodukts aus. Das (verteilbare) Volkseinkommen ergibt sich aus dem Nettonationaleinkommen, indem man indirekte Steuern (z.B. Mehrwertsteuern) abzieht und staatliche Subventionen addiert.

Bei der Verteilungsrechnung des Volkseinkommens werden zwei Einkommensarten unterschieden:

- Einkommen aus unselbstständiger Arbeit (Löhne und Gehälter), oft kurz: Löhne,
- Einkommen aus Unternehmertätigkeit und Vermögen.

Im Jahr 2008 hatten in Deutschland die Einkommen aus unselbstständiger Arbeit einen Anteil von 65 % am Volkseinkommen. Diese Größe wird auch als Lohnquote bezeichnet. Die restlichen 35 %

waren Einkommen aus Unternehmertätigkeit und Vermögen (kurz: Gewinne). Man spricht hier von funktionaler Einkommensverteilung. Bei beiden Einkommensarten handelt es sich um Bruttoeinkommen; die Arbeitnehmereinkommen enthalten hier auch die Arbeitgeberbeiträge zur Sozialversicherung. Von diesen Einkommen nimmt der Staat Abzüge vor (Steuern, Sozialversicherungsbeiträge), mit denen dann Umverteilungen finanziert werden, hin zu denen, die im Wirtschaftsprozess zunächst keine Einkommen erzielen (z.B. Rentner). Nach solchen und anderen Umverteilungsprozessen gelangt man zur personellen Einkommensverteilung.

Der Verwendung des Bruttoinlandsprodukts geht die Verwendung des Volkseinkommens (der Einkommen) voraus. Die Bevölkerung entscheidet sich, wie viel sie konsumieren und wie viel sie sparen will.

Schließlich spricht man von der Verwendungsrechnung des BIP und unterscheidet die Verwendungsarten:

- privater Konsum (56)
- Investitionen (19)
- Staatsverbrauch (staatliche Käufe von Gütern und Dienstleistungen, ohne staatliche Investitionen) (18)
- Außenbeitrag (Differenz zwischen Exporten und Importen von Gütern und Dienstleistungen) (6)

Die Zahlen hinter den Verwendungsarten geben die prozentualen Anteile am Bruttoinlandsprodukt des Jahres 2008 an (Statistisches Bundesamt 2009b).

Neben diesen Berechnungsarten und Gliederungen des Sozialprodukts gibt es eine volkswirtschaftliche Größe, die im Zeitalter der „Globalisierung“ besonders beachtet wird: die außenwirtschaftliche Verflechtung, die man durch den Anteil der Exporte oder Importe am BIP messen kann. Im Jahre 2008 betrug das prozentuale Verhältnis der Exporte (Ausfuhr von Gütern und Dienstleistungen) zum Bruttoinlandsprodukt in Deutschland 48 %. Diese Zahl bedeutet allerdings nicht, dass in Deutschland in diesem Umfang für den Export produziert wird, da im Wert der Exporte auch Importe von Vorprodukten enthalten sind. Gleichwohl zeigt die Zahl die Abhängigkeit der deutschen Wirtschaft vom Weltmarkt an.

1.5.3 Arbeitsproduktivität, ein Schlüsselbegriff

Der Begriff Arbeitsproduktivität benennt einen Dreh- und Angelpunkt der modernen wirtschaftlichen Entwicklung. Die fortlaufende Erhöhung der Arbeitsproduktivität ist einerseits die Grundlage für Wohlstand und Wohlstandsmehrung, sie ist andererseits aber auch Ursache für steigende Arbeitslosigkeit. Unter Arbeitsproduktivität versteht man das Verhältnis zwischen Produktmenge (oder Wert der Produktmenge) und aufgewendeter Arbeitszeit. Bei der Analyse von Wirtschaftsprozessen richtet man das Augenmerk eher auf die Erhöhung der Arbeitsproduktivität. Dieser Vorgang findet statt, wenn

- in einer bestimmten Zeit eine größere Menge oder
- eine bestimmte Menge in einer kürzeren Zeit

produziert wird.

Die Erhöhung der Arbeitsproduktivität kann verschiedene Ursachen haben: technische Fortschritte (Rationalisierung), bessere Organisation (was auch mit einer Intensivierung der Arbeit verbunden sein kann), größeres Geschick und höhere Qualifikation der Arbeitskräfte.

Seit der industriellen Revolution hat sich die Arbeitsproduktivität in riesigem Maße erhöht. In der Geschichte der Bundesrepublik hat es außer 2008 und 2009 kein Jahr gegeben, in dem die Arbeitsproduktivität nicht zugenommen hat. Allein von 1960 bis 2008 hat es gesamtwirtschaftlich (nicht etwa nur für die Industrie) eine Steigerung der Arbeitsproduktivität um mehr als das Dreifache gegeben. In den Jahren des „Wirtschaftswunders" der 1950er Jahre lagen die durchschnittlichen jährlichen Steigerungsraten bei etwa 6 %. Von 2000 bis 2008 waren es jahresdurchschnittlich 1,3 %. Über die möglichen Folgen wachsender Arbeitsproduktivität informiert die Tabelle 1, die uns einfache, gleichwohl realistische Modellrechnungen vorführt.

Man kann theoretisch drei verschiedene Fälle unterscheiden,

Tabelle 1: Mögliche Folgen steigender Arbeitsproduktivität

	Jahr	Arbeitsproduktivität	Sozialprodukt (Wirtschaftswachstum)	Beschäftigte	Arbeitszeit für die einzelnen Beschäftigten	Folgen
	1	100	100	100	100	
Fall 1	2	102	102	100	100	Wirtschaftswachstum, höherer Wohlstand
Fall 2	2	102	100	98	100	zunehmende Arbeitslosigkeit
Fall 3	2	102	100	100	98	Arbeitszeitverkürzung für alle bei gleichbleibendem Wohlstand

wenn die denkbaren Folgen wachsender Arbeitsproduktivität betrachtet werden. Theoretisch ist die Unterscheidung deshalb zu nennen, weil in der Realität meist eine Mischung aus den drei möglichen Wirkungen stattfindet. Annahme für alle drei Fälle: Im Vergleich zum Vorjahr hat sich im Jahre 2 die Arbeitsproduktivität um 2 % erhöht.

Fall 1: Bei gleichbleibender Arbeitskräftezahl und gleichbleibender Arbeitszeit für die einzelnen Beschäftigten erhöht sich das BIP um 2 % (Wirtschaftswachstum). Höhere Arbeitsproduktivität ermöglicht größeren Wohlstand.

Fall 2: Bei gleichbleibendem BIP und gleichbleibender Arbeitszeit braucht man 2 % weniger Arbeitskräfte, es entsteht Arbeitslosigkeit. Übrigens positiv gewendet könnte dies auch der Fall sein, der es ermöglicht, das Rentnerproblem des 21. Jahrhunderts zu lösen. Als größtes Problem für die zukünftige Altersversorgung wird die Verschiebung der Bevölkerungsstruktur gesehen: Der Anteil alter Menschen wächst, der Anteil von Menschen im Erwerbsalter sinkt. Durch eine anhaltende Erhöhung der Arbeitsproduktivität braucht man einen immer kleineren Anteil der Bevölkerung, um die gleichbleibende Versorgung der Gesamtbevölkerung zu sichern.

Fall 3: Bei gleichbleibendem BIP und gleicher Arbeitskräftezahl wie im Vorjahr können alle Beschäftigten 2 % kürzer arbeiten. Die wachsende Arbeitsproduktivität macht es möglich, dass alle mehr Freizeit haben können, ohne Wohlstandseinbußen hinnehmen zu müssen.

Dies sind logisch mögliche Folgen steigender Arbeitsproduktivität, wie sie sich aus der volkswirtschaftlichen Gesamtlogik ergeben. Welche Folgen (mehr Wohlstand und Freizeit oder mehr Arbeitslosigkeit) sich in der Realität einstellen, ist nicht das Resultat immer gültiger Naturgesetze oder Sachzwänge, vielmehr ist die Entwicklung grundsätzlich durch menschliche Entscheidungen gestaltbar. Sie hängt ab von wirtschaftlichen Bedingungen, gesellschaftlichen Macht- und Interessenpositionen und von politischen Entscheidungen.

Die soeben erläuterten möglichen Folgen steigender Arbeitsproduktivität betreffen vor allem den Arbeitsmarkt. Es handelt sich hier um die wirtschaftliche Grundlogik der Arbeitsmarktentwicklung. In Kapitel 3 über Arbeitslosigkeit werden diese Überlegungen weitergeführt.

Die ständige Erhöhung der Arbeitsproduktivität spielt noch in einem anderen Zusammenhang eine grundlegende Rolle, nämlich bei der Grundlogik der Einkommensverteilung. Es geht dabei um die Frage, wie die Früchte von technischem Fortschritt und Wirtschaftswachstum auf die Arbeitnehmer und die Unternehmen verteilt werden. Diese Frage wird meist jährlich von Arbeitgebern und Gewerkschaften in Tarifverhandlungen beantwortet. Das Ergebnis besteht in Tarifverträgen über Lohn- (und Gehalts-)Erhöhungen. In diesem Zusammenhang wird regelmäßig darüber gestritten, welche Lohnerhöhungen gerechtfertigt bzw. von den Unternehmen zu verkraften sind. Die ständige Erhöhung der Arbeitsproduktivität macht Lohnerhöhungen möglich, ohne dass sich Lohnkosten für die Unternehmen erhöhen. Man spricht in diesem Zusammenhang von einem verteilungsneutralen Spielraum für Lohnerhöhungen (dazu: Kasten 2 in Kapitel 2).

2. Konjunkturelle Krisen

Das Thema Konjunkturpolitik war über mehrere Jahrzehnte, jedenfalls in Deutschland, nur ein Kapitel in den Lehrbüchern zur Wirtschaftspolitik. In der politischen Praxis nahm man seit den 1970er Jahren die relativ schwachen Rezessionen, die allerdings mit steigender Massenarbeitslosigkeit verbunden waren, hin und überließ es den Marktkräften, diese zu überwinden, wie dies neoklassisch-marktliberalem Denken entspricht. Erst die Weltwirtschaftskrise ab 2008 führte wieder zur Anwendung keynesianischer Konzepte staatlicher Konjunkturpolitik (dazu weiter unten Abschnitt 5.4). Die beiden Denkmuster werden in diesem Kapitel gegenübergestellt.

2.1 Konjunkturzyklen

Die Erfahrungen seit dem 19. Jahrhunderts zeigen, dass marktwirtschaftlich-kapitalistische Systeme sich nicht gleichmäßig entwickeln, sondern durch Wellenbewegungen der ökonomischen Aktivität charakterisiert sind. Diese Schwankungen der Wirtschaftstätigkeit bezeichnet man als Konjunkturen. Als Indikatoren für die konjunkturelle Lage benutzt man vor allem die Größe des realen Bruttoinlandsprodukts, die Zahl der Arbeitslosen und das Preisniveau. Auch der Auslastungsgrad der Wirtschaft wird zur Kennzeichnung der jeweiligen konjunkturellen Lage benutzt. Dabei misst man die Abweichung des realen BIP-Zuwachses vom Wachstum des Produktionspotenzials (Potenzialwachstum). Dies lässt sich beziffern mit dem realen Wachstum des BIP, das sich entweder bei maximaler oder bei durchschnittlich normaler

Auslastung der Produktionsfaktoren (Kapital, Arbeitskräfte) ergeben würde. Konjunkturzyklen kann man z.B. darstellen, indem man die Schwankungen des BIP in der Zeit (Wachstumsraten des BIP) aufzeichnet.

Abbildung 3 stellt die sechs Konjunkturzyklen zunächst der westdeutschen und ab 1991 der gesamtdeutschen Wirtschaft dar. Die vier Phasen eines Zyklus werden als Aufschwung, Boom oder Hochkonjunktur, Abschwung und Depression oder Rezession bezeichnet. Von Depression spricht man, wenn die Wirtschaftsleistung stark und längerfristig schrumpft mit sehr starkem Anstieg der Arbeitslosigkeit (Beispiel Weltwirtschaftskrise der 1930er Jahre). Phasen mit geringem Rückgang des BIP werden als Rezessionen bezeichnet. Auch für Rezessionsphasen wird oft der Begriff Wirtschaftskrise benutzt. Die negativen Wachstumsraten des BIP in den Jahren 1967, 1975, 1982, 1993, 2003 und 2009 kennzeichnen Krisenjahre, in denen gleichzeitig die Arbeitslosenzahlen angestiegen sind (siehe Abbildung 4, S. 63).

Die zentralen Fragen, die man sich in den Wirtschaftswissenschaften im Hinblick auf das Konjunktur- und Krisenproblem

Abb. 3: Konjunkturentwicklung in Deutschland seit den 1950er Jahren
Wachstum des realen Bruttoinlandsprodukts gegenüber dem Vorjahr in Prozent (ab 1991 Gesamtdeutschland)

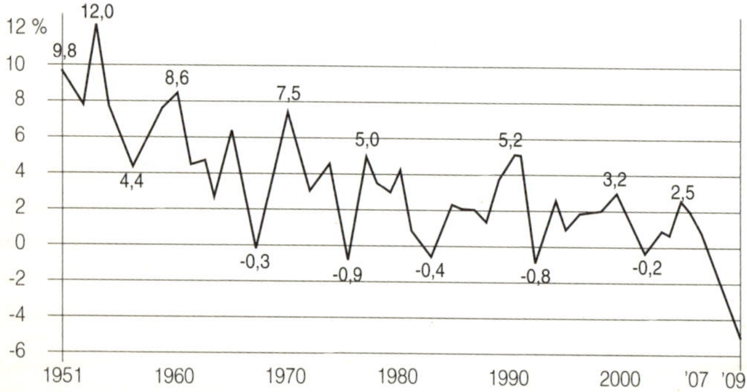

Quelle: Statistisches Bundesamt

stellt, sind die nach den Ursachen periodischer Wirtschaftskrisen und die nach den wirtschaftspolitischen Möglichkeiten, solche Krisen zu vermeiden oder deren Folgen zu lindern. Im vorliegenden Kapitel werden zwei kontroverse theoretische Ansätze dargestellt im Hinblick auf Ursachenerklärung und Politikempfehlungen:

- die neoklassisch-wirtschaftsliberale Theorie: Sie basiert auf mikroökonomischen Denkweisen. Ihre Vertreter glauben an die erfolgreiche Selbstregulierung der Marktwirtschaft durch den Marktmechanismus und sind optimistisch im Hinblick auf ökonomische Stabilität und gesellschaftliche Harmonie in der Marktwirtschaft.
- die keynesianische Theorie: Diese ist gekennzeichnet durch die Betrachtung gesamtwirtschaftlicher Kreislaufzusammenhänge (Makroökonomie). Keynesianer halten die Marktwirtschaft für krisenanfällig und glauben, dass Krisen durch staatliche Interventionen verhindert oder zumindest gemildert werden können.

Beide Ansätze werden sowohl bei der Betrachtung kurzfristiger als auch bei der Analyse langfristiger Krisenprobleme benutzt (zu dauerhaft hoher Arbeitslosigkeit siehe nächstes Kapitel).

2.2 Das Konjunkturproblem aus neoklassisch-wirtschaftsliberaler Sicht

Seit dem Beginn des 19. Jahrhunderts wird von führenden Vertretern der ökonomischen Klassik und später der Neoklassik die grundsätzliche Krisenhaftigkeit des Kapitalismus bestritten. Grundlage dieser Argumentation ist das so genannte Say'sche Theorem, benannt nach dem französischen Ökonomen Jean-Baptiste Say (1767-1832). Dieses Theorem (Lehrsatz), auch als Gesetz der Absatzwege bezeichnet, besagt, dass sich jedes Angebot am Markt auch eine entsprechende Nachfrage schafft, weil jeder, der am Markt etwas anbietet, dies mit der Absicht tue, mit dem Erlös seinerseits andere Waren nachzufragen. Auf diese Weise wäre eine Ausweitung der Produktion ständig begleitet von einer

Ausdehnung der Absatzmärkte. Die Möglichkeit allgemeiner Absatzstockungen schlossen Say und seine Anhänger somit aus.

Allerdings hielt Say Absatzstörungen auf einzelnen Märkten für möglich. Als Grund dafür sah er an, dass kurzfristig an speziellen Nachfragewünschen vorbeiproduziert worden ist. Solche partiellen Störungen des Wirtschaftsprozesses würden jedoch in kürzester Frist durch Marktanpassungsprozesse korrigiert. Durch den Marktmechanismus würden die Preise für die im Überfluss produzierten Waren fallen. Andererseits würden jedoch andere Produkte in zu geringem Umfang produziert und im Preis steigen, sodass sich die Unternehmer von der Produktion der einen Ware abwenden und der anderen zuwenden würden. Der Grundprozess der marktwirtschaftlichen Entwicklung läuft also in der Gedankenwelt des Say'schen Theorems stabil, harmonisch, gleichgewichtig, krisenfrei ab.

Nun wurde allerdings im Verlauf des 19. Jahrhunderts deutlich, dass allgemeine Wirtschaftskrisen immer wieder und auch mit einer gewissen Regelmäßigkeit (alle sieben bis elf Jahre) auftraten. Die meisten nachklassischen und schließlich neoklassischen Ökonomen hielten jedoch am Say'schen Theorem fest. Um die grundsätzliche Stabilität marktwirtschaftlicher Prozesse zu begründen, führte man das Zustandekommen von Wirtschaftskrisen insbesondere auf außerökonomische Ursachen oder auf „marktwidriges" Verhalten von Marktteilnehmern zurück.

Ein häufig zitiertes Beispiel einer Konjunkturtheorie, die die Ursachen von Krisen außerhalb der kapitalistischen Ökonomie sieht, ist die Sonnenfleckentheorie des Begründers der englischen Neoklassik W. St. Jevons (1835-1882). Eine Häufung von Sonnenflecken führe über Klimaeinflüsse zu Ernteschwankungen, die wiederum Konjunkturschwankungen der Gesamtwirtschaft bewirkten.

Eine zweite Variante, den Kernprozess der Wirtschaftsabläufe als gleichgewichtig und stabil erscheinen zu lassen, besteht darin, Krisen auf das marktwidrige Verhalten einzelner Marktteilnehmer zurückzuführen, z.B. in der Form monopolistischer Marktbeeinflussung. Als Beispiel führt man häufig die Gewerkschaften als Monopole am Arbeitsmarkt an, die in günstigen Konjunktursituationen die Löhne über jene Höhe drückten, die durch die produktiven Beiträge der Arbeiter gerechtfertigt sei. Solch marktwidriges Verhalten, aber auch schlechtes Wirtschaften von Unternehmen, werde durch Marktprozesse bestraft, so sehen es neoklassisch-wirtschaftsliberale Ökonomen. Die Krise wird als „Reinigungskrise" angesehen. So würden Unternehmen, die schlecht gewirtschaftet oder unseriöse Spekulationsgeschäfte betrieben hätten, in Konkurs gehen. Überhöhte Arbeitslöhne hätten in der Krise Arbeitslosigkeit zur Folge und diese wiederum erzwinge eine Senkung der Löhne.

Für die Neoklassiker haben Preisanpassungsprozesse eine zentrale Bedeutung bei der Überwindung von Wirtschaftskrisen. Vermarktungsschwierigkeiten für Güter, Arbeitskräfte und Kredite führen zu Preis-, Lohn- und Zinssenkungen. Daraufhin würden wieder mehr Güter, Arbeitskräfte und Kredite nachgefragt.

Aus neoklassischer Sicht finden also Wirtschaftskrisen normalerweise (wegen der Annahmen des Say'schen Theorems) nicht statt. Sollte es jedoch aus Gründen, die nicht im normalen Wirtschaftsprozess zu suchen sind, doch zu Krisen kommen, so werden diese in Reinigungskrisen (über Marktanpassungsprozesse) behoben. In einem solchen Bild von der Marktwirtschaft gibt es im Hinblick auf das Krisenproblem keine besonderen Aufgaben des Staates. Die aus dieser Sichtweise abgeleiteten wirtschaftsliberalen Forderungen an den Staat: Er soll sich gegenüber den Wirtschaftsprozessen „neutral" verhalten. Er soll in seinem Haushalt Einnahmen und Ausgaben jederzeit ausgleichen. Das heißt, er soll keine Schulden machen und daher bei sinkenden Staatseinnahmen in der Krise die Ausgaben den gesunkenen Einnahmen anpassen. Diese wirtschaftsliberale Sicht läuft auf ein wirtschaftspolitisches Laissez-faire beim Auftreten von Krisen hinaus.

2.3 Erklärung und Überwindung von Krisen aus keynesianischer Sicht

Die Weltwirtschaftskrise ab 1929 (Abschnitt 1.3) mit ihren katastrophalen sozialen und politischen Auswirkungen war Anlass für verbreitet aufkommende Kritik an der neoklassisch-liberalen Wirtschaftstheorie und -politik. Man bemängelte an der Neoklassik, dass sie weder in der Lage gewesen sei, eine Krise dieses Ausmaßes vorherzusagen, noch Mittel angeben könne, die die Wirtschaftskrise überwinden helfen. Genauer muss man sagen: Die Neoklassiker konnten lediglich empfehlen, die Krisenbereinigung den Selbstheilungskräften des Marktes zu überlassen. Kritiker der Neoklassik wiesen darauf hin, dass man eine Arbeitslosenquote von 30 %, wie damals in Deutschland, nicht mehr als Vorgang der Selbstreinigung der Marktwirtschaft begreifen könne, dass damit vielmehr das marktwirtschaftliche System insgesamt in die Gefahr des endgültigen Zusammenbruchs geriete. Die Massenarbeitslosigkeit könne zu wachsenden sozialen Spannungen und schließlich zu politischen Umstürzen im Sinne sozialistischer Revolutionen führen. Ein Übergreifen der russischen Oktoberrevolution (1917) auf andere Länder wurde von vielen als Gefahr gesehen.

Die Theorie des englischen Ökonomen John Maynard Keynes war eine Reaktion sowohl auf die Weltwirtschaftskrise als auch auf den – wie er meinte – unbefriedigenden Zustand der damals vorherrschenden Richtung der Wirtschaftstheorie, das neoklassisch-wirtschaftsliberale Denken. Eine zentrale These in seinem bereits erwähnten Hauptwerk „Allgemeine Theorie der Beschäftigung des Zinses und des Geldes“ (1936) ist die, dass sich in einer Marktwirtschaft infolge zu geringer gesamtwirtschaftlicher Nachfrage eine Situation der Unterbeschäftigung (Arbeitslosigkeit) ergeben könne, bei der zu gleicher Zeit ein Gleichgewicht auf den Gütermärkten bestehe (Gleichgewicht bei Unterbeschäftigung). Anders als die Neoklassiker hält Keynes ein Verharren der Wirtschaft in der Unterbeschäftigung für möglich.

Man habe es im 20. Jahrhundert mit unvollkommenen Märkten (Monopolisierung) zu tun. Er bezweifelt daher, dass allein von den Marktkräften her jederzeit eine Tendenz zur Vollbeschäftigung besteht. Als Folgerung aus dieser Erkenntnis verlangt Keynes vom Staat, seine Neutralität gegenüber dem Wirtschaftsprozess (Laissez-faire) aufzugeben. Insbesondere soll der Staat sich nicht länger der liberalen Forderung nach jährlichem Haushaltsausgleich beugen, sondern soll den Staatshaushalt antizyklisch gestalten, d.h. in der Krise ein Haushaltsdefizit hinnehmen, also mehr ausgeben als einnehmen, um damit die Wirtschaft zu beleben.

So weit Keynes' Position im Überblick. Im Einzelnen geht er davon aus, dass der Umfang der gesamtwirtschaftlichen Beschäftigung bestimmt wird durch den Umfang des Sozialprodukts. Und die Höhe des Sozialprodukts ist wiederum abhängig vom Umfang der gesamtwirtschaftlichen Nachfrage. Die Gesamtnachfrage besteht aus den Komponenten:

- Konsumgüternachfrage der privaten Haushalte: C
- Investitionsgüternachfrage der Unternehmen: I
- Nachfrage des Staates (Ausgaben für Güter und Dienstleistungen): A_{St}
- Nettonachfrage des Auslands (Exporte minus Importe): Ex - Im

Die Höhe des Sozialprodukts (Y) wird also bestimmt durch die Summe der Nachfragekomponenten:

$$Y = C + I + A_{St} + (Ex - Im)$$

Für die weiteren Überlegungen soll zunächst von der staatlichen Nachfrage und vom Außenhandel abgesehen werden. Dann wird die Höhe von Sozialprodukt und Beschäftigung allein von Konsumgüternachfrage der Privathaushalte und Investitionsgüternachfrage der Unternehmen bestimmt:

$$Y = C + I$$

Dem Ausüben dieser Nachfrage geht allerdings im Kreislauf der Wirtschaft etwas anderes voraus: Private Haushalte beziehen

Einkommen und verfügen über diese. In gesamtwirtschaftlichen Größen kann man das schreiben als:

$$Y = C + S$$

Das Volkseinkommen (Y) wird von den Einkommensbeziehern zum einen Teil konsumiert (C), zum anderen Teil gespart (S). Ein zentrales Problem moderner Marktwirtschaften sieht Keynes nun darin, dass die privaten Haushalte, indem sie über ihre Einkommen verfügen, nur im Umfang von C Nachfrage am Markt ausüben. Ihr Sparen dagegen bedeutet zunächst Nachfrageausfall. Wenn die Unternehmen nicht im Umfang von S Investitionsgüternachfrage ausüben, entsteht eine Nachfragelücke. Es kommt ein gesamtwirtschaftliches Ungleichgewicht zustande, wenn die geplanten Investitionen der Unternehmen hinter den gesamtwirtschaftlichen Ersparnissen zurückbleiben:

$$I_{geplant} < S$$

Für die Neoklassiker konnte eine solche Nachfragelücke nicht entstehen. Für sie galt, wie Keynes kritisierte, auf die eine oder andere Weise das Say'sche Theorem, nämlich die angenommene Gesetzmäßigkeit, dass sich in einer Marktwirtschaft jedes Angebot eine entsprechende Nachfrage schafft. Keynes betont, dass bei dieser Sichtweise die Rolle des Geldes in einer modernen Wirtschaft falsch eingeschätzt werde. Geld sei nämlich nicht nur Tauschmittel, das jederzeit wieder in den Kreislauf fließt. Es könne auch gehortet werden, d.h., es dient dann nicht für erneute Käufe. Durch das Bilden von Geldreserven kann gesamtwirtschaftlich die Nachfrage nach Gütern hinter dem Angebot zurückbleiben.

Das Zustandekommen von Wirtschaftskrisen erklärt Keynes also damit, dass der Nachfrageausfall infolge Sparens nicht ausgeglichen wird durch gleich hohe Investitionsgüternachfrage. Ein Nachlassen von Gewinnerwartungen, z.B. aufgrund verschlechterter Absatzerwartungen, führt zu einem Nachlassen der Investitionsgüternachfrage. Damit entsteht die erwähnte Nachfragelücke an den Gütermärkten. Wenn die Unternehmen einen Teil ihres Güterangebots nicht absetzen können, werden sie ihre Produktion drosseln. Arbeitskräfte werden entlassen und verfügen nun über geringere Einkommen. Die Krise greift nun über auf die Konsumgüterindustrie. Ein sich wechselseitig verstärkender Prozess der Abwärtsentwicklung von Investitionsgüternachfrage, Produktion, Beschäftigungsmöglichkeiten, Einkommen und Konsumgüternachfrage ist in Gang gekommen. In der Wirtschaftstheorie werden solche sich wechselseitig verstärkenden Prozesse in sogenannten Multiplikator- und Akzeleratormodellen dargestellt. Beim Multiplikatormodell wird durchgerechnet, wie unter bestimmten Annahmen eine zusätzliche gesamtwirtschaftliche Nachfrage (z.B. Investitionsgüternachfrage) über mehrere Perioden hinweg zu einem Sozialproduktzuwachs führt, der über den Betrag des Ausgangsimpulses hinausgeht. Diese Rechnung kann entsprechend auch für einen Negativimpuls (Nachfragerückgang) angestellt werden. Beim Akzeleratormodell wird die Wirkung der gesamtwirtschaftlichen Nachfrage auf die Investitionen untersucht.

Betrachtet man die Schwankungen der gesamtwirtschaftlichen Nachfragekomponenten, so zeigt sich, dass im Verlauf der Konjunkturzyklen die Investitionsgüternachfrage weit stärker schwankt als die private Konsumgüternachfrage. Die Erklärung dafür ist einfach: Die Investitionstätigkeit der Unternehmen richtet sich nach den Absatz- und Gewinnerwartungen und kann auch zeitweise stark eingeschränkt und später wieder umso kräftiger erhöht werden. Die meisten Konsumausgaben der privaten Haushalte sind dagegen (in der Vergangenheit noch stärker als heute) auf Existenzsicherung gerichtet: Man kann sie nicht einfach zeitlich zurückstellen. Von den stark schwankenden Investitionsentscheidungen der Unternehmen geht also immer wieder eine gesamtwirtschaftlich destabilisierende, also Konjunkturschwankungen begünstigende Wirkung aus.

Im Grunde könnte die Abwärtsbewegung in die immer tiefere Wirtschaftskrise auch von anderen Nachfragekomponenten als den Investitionen ausgehen, z.B. von einem Einbruch der

Exportnachfrage. Der Abwärtsprozess von sich wechselseitig verstärkenden Nachfragerückgängen wäre der gleiche. Wo solch ein Prozess zum Halten kommt, ist ungewiss. In der Weltwirtschaftskrise der 1930er Jahre verminderte sich in Deutschland das Sozialprodukt in wenigen Jahren um etwa 40 % und die Arbeitslosenquote stieg bis auf etwa 30 %.

Eine Umkehr dieses Krisenprozesses und eine erneute Zunahme von Nachfrage, Produktion und Beschäftigung werden nach Meinung von Keynes nicht unbedingt durch Marktanpassungsprozesse ausgelöst, wie dies die Neoklassiker vermuten. Nach Keynes können die Gütermärkte auf niedrigerem Niveau zu einem neuen Gleichgewicht finden bei gleichzeitig hoher Arbeitslosigkeit („Gleichgewicht bei Unterbeschäftigung"). Im Gegensatz zur Neoklassik gibt Keynes einer Überwindung dieser Situation durch Lohnsenkungen wenig Chancen. Der Lohn sei nicht nur Kostenfaktor für die Unternehmer (geringere Lohnkosten = höherer Gewinn), sondern stelle auch Kaufkraft dar. Senke man die Löhne, werde die gesamtwirtschaftliche Kaufkraft und die Nachfrage nach Konsumgütern verringert. Die Unternehmen müssten dementsprechend die Produktion (ihr Angebot) vermindern, und es könnte zu weiter zunehmender Arbeitslosigkeit kommen.

Auch mit den wirtschaftspolitischen Folgerungen, die Keynes aus dieser Analyse ableitet, setzt er sich in Gegensatz zum neoklassisch-wirtschaftsliberalen Denken. Da nach Meinung von Keynes eine Unterbeschäftigungssituation allein durch die Kräfte des Marktes nicht zu überwinden sei, fordert er staatliche Eingriffe in den Wirtschaftsprozess. Der Wirtschaftsliberalismus hatte vom Staat eine Laissez-faire-Haltung, eine weitgehende Zurückhaltung gegenüber den Wirtschaftsprozessen gefordert. Im Gegensatz dazu soll nach Keynes' Meinung der Staat in einer Situation der Unterbeschäftigung durch seine Haushaltspolitik die gesamtwirtschaftliche Nachfrage erhöhen (z.B. mehr Staatsausgaben). Die fehlende Nachfrage in der Wirtschaft, die durch den Markt, d.h. durch privatwirtschaftliche Entscheidungen allein nicht zustande kommt, soll durch staatliche Maßnahmen geschaffen werden. Durch mehr Nachfrage sollen mehr Produktion und damit die Wiedereinstellung von Arbeitslosen möglich werden.

Die Neoklassiker hatten eine Beeinflussung des Wirtschaftsprozesses über den Staatshaushalt abgelehnt. Sie hatten einen neutralen, also jährlich ausgeglichenen Haushalt des Staates gefordert. Keynes dagegen verlangt eine antizyklische Haushaltspolitik: in der Krise mehr ausgeben als einnehmen, also Schulden machen („deficit spending"), im Boom mehr einnehmen als ausgeben, also einen Überschuss erwirtschaften („surplus saving").

Um sich einen Überblick zu verschaffen über die möglichen haushaltspolitischen Maßnahmen zur Konjunkturbeeinflussung, die als keynesianisches Konzept der Konjunkturpolitik gelten, kann man auf die Gleichung

$$Y = C + I + A_{St} + (Ex - Im)$$

zurückgreifen. Der rechte Teil der Gleichung zeigt die einzelnen Nachfragekomponenten der Gesamtwirtschaft an, auf die der Staat durch seine Haushaltspolitik einwirken kann.

Lediglich eine Nachfrageart kann der Staat unmittelbar selbst beeinflussen, nämlich seine eigenen Ausgaben (A_{St}). Etwa durch den Bau von Krankenhäusern oder Autobahnen, durch den Kauf von Schulbüchern oder Panzern kann der Staat direkt die volkswirtschaftliche Nachfrage erhöhen, insbesondere dann, wenn er zur Finanzierung der Ausgaben nicht gleichzeitig die Steuern erhöht. Durch Steuererhöhungen würde der Staat den privaten Nachfragern Kaufkraft entziehen.

Die anderen Nachfragekomponenten kann der Staat nur indirekt beeinflussen, denn die letzte Entscheidung über die Nachfrage nach Gütern treffen hier die privaten Haushalte, die Unternehmen und das Ausland.

Auf die private Konsumgüternachfrage (C) kann der Staat einwirken, indem er Einfluss auf die Kaufkraft der Privathaushalte nimmt, insbesondere durch Senkung oder Erhöhung der Einkommensteuer. Im Fall einer Krise könnte die Regierung

Steuersenkungen vornehmen und damit versuchen, die Konsumgüternachfrage und auf diesem Weg die Konjunktur insgesamt anzuregen. Würden die privaten Haushalte die zusätzliche Kaufkraft jedoch sparen, so wäre die Steuersenkung als konjunkturpolitische Maßnahme unwirksam.

Eine zweite Möglichkeit indirekter Beeinflussung der Konjunktur durch staatliche Haushaltspolitik setzt an der privaten Investitionsgüternachfrage (I) an. Die Investitionstätigkeit und damit die Nachfrage nach Investitionsgütern lassen sich im Fall von Krise und Arbeitslosigkeit beleben durch Steuerermäßigungen für Unternehmen oder durch Investitionszuschüsse. Durch solche Maßnahmen sollen z.B. für die Unternehmen Investitionskosten verringert, die Gewinne nach Besteuerung vergrößert und die für Investitionszwecke verfügbaren Finanzmittel vermehrt werden. Ob jedoch die privaten Unternehmen auf solche staatlichen Anreize mit erhöhten Investitionen und damit größerer Investitionsgüternachfrage reagieren, wird allein durch die Entscheidungen eben dieser privaten Unternehmen bestimmt und hängt möglicherweise mehr von Absatzerwartungen als von Steuerentlastungen ab.

Sowohl im Fall der privaten Konsumgüternachfrage als auch im Fall der privaten Investitionsgüternachfrage muss die Regierung hoffen, dass auf die geschaffenen Anreize positiv reagiert wird, denn der Staat kann in einer Marktwirtschaft den privaten Wirtschaftssubjekten nicht vorschreiben, dass sie konsumieren und investieren.

Als weitere Nachfragekomponente könnte der Staat die Nettonachfrage des Auslands (Ex - Im) beeinflussen, in der Krise etwa durch Begünstigung der Exporte und Behinderung der Importe (z.B. Einfuhrverbote). Das widerspricht jedoch marktwirtschaftlichen Prinzipien und wird heute weitgehend durch internationale Abkommen ausgeschlossen. Zölle zur Beeinflussung des Außenhandels kommen ebenfalls heute für Deutschland nicht mehr in Frage, da es innerhalb der Europäischen Union keine Zölle mehr gibt und andere Zölle heute nicht mehr von der BRD, sondern von der EU erhoben werden. Auch die Wechselkurse (Wertverhältnis zwischen Inlandswährung und ausländischen Währungen) kann von den Regierungen heute nicht mehr als konjunkturpolitisches Instrument genutzt werden. Erstens haben wir heute ein System freier Wechselkurse (sie bilden sich nach Angebot und Nachfrage auf den Devisenmärkten) und zweitens wäre die Einflussnahme auf die Wechselkurse Sache der Notenbanken (im Falle des Euro der Europäischen Zentralbank) und nicht der Regierungen.

Als Hauptansatzpunkt keynesianischer Konjunkturpolitik bleiben also die Staatsausgaben, die private Konsumnachfrage und die private Investitionsgüternachfrage übrig. In keinem Fall ist mit keynesianischem Staatsinterventionismus ein direkter Eingriff in private wirtschaftliche Entscheidungen verbunden. Würde das geschehen, so wäre damit die wesentliche Grundlage einer Marktwirtschaft, die grundsätzlich freie Unternehmerentscheidung, beseitigt. Da der Staat bei keynesianischer Konjunkturpolitik keine Vorschriften für individuelle Wirtschaftssubjekte macht, sondern nur gesamtwirtschaftliche Größen (z.B. gesamtwirtschaftliche Konsumnachfrage oder Investitionsnachfrage) beeinflusst, bezeichnet man diese Politik – wie oben schon erwähnt – als Globalsteuerung. Dieser Begriff hat nichts zu tun mit dem heutigen Begriff der wirtschaftlichen Globalisierung, der immer engeren Verflechtung der nationalen Wirtschaft mit der Weltwirtschaft. Er bedeutet, dass der Staat die Wirtschaft als ganze beeinflusst und nicht Einzelentscheidungen von Unternehmen und Konsumenten.

Die Absicht von Keynes war es, den Staat das Niveau der gesamtwirtschaftlichen Produktion (Vollbeschäftigungsniveau) steuern zu lassen; die Feinsteuerung, die Frage, was, wie und wo produziert werden soll, wollte er weiter dem Markt und den privatwirtschaftlichen Entscheidungen überlassen. Obwohl Keynesianer eine solche globale Wirtschaftsbeeinflussung als „marktkonform" ansehen, wird sie von konsequenten Vertretern des Wirtschaftsliberalismus abgelehnt, weil damit das freie Spiel

Kasten 1: Keynes zu Wirtschaftskrise und staatlicher Politik

(1) Gleichgewicht bei Unterbeschäftigung:

„Die bloße Tatsache einer unzureichenden wirksamen Nachfrage kann und wird oft die Zunahme der Beschäftigung zum Stillstand bringen, bevor Vollbeschäftigung erreicht worden ist. Die Unzulänglichkeit der wirksamen Nachfrage wird die Produktion hemmen." (Keynes 1936, S. 26, hier z.T. in Übersetzung von Hofmann 1966, S. 181)

(2) Zweifel an Selbstheilung der Krise allein durch Marktprozesse:

„Es besteht (...) kein Grund für die Annahme, dass eine bewegliche Lohnpolitik einen Zustand dauernder Vollbeschäftigung aufrechtzuerhalten vermag, so wenig wie für die Annahme, dass eine Geldpolitik des offenen Marktes für sich allein fähig ist, dieses Ergebnis zu erzielen. Die wirtschaftliche Ordnung kann nicht auf diese Weise sich selbst wieder ins Lot bringen." (Keynes 1936, S. 225; Hofmann 1966, S. 213)

(3) Forderung von staatlichen Investitionsausgaben als Politik gegen Krise und Arbeitslosigkeit:

„Ich meine daher, dass eine ziemlich umfassende Sozialisierung der Investition sich als das einzige Mittel erweisen wird, um der Vollbeschäftigung näher zu kommen." (Keynes 1936, S. 319; Hofmann 1966, S. 215)

(4) Ziel, die marktwirtschaftlich-kapitalistische Ordnung zu erhalten:

„Während daher die Ausdehnung der Aufgaben der Regierung, welche die Ausgleichung des Hanges zum Verbrauch und der Veranlassung zur Investition mit sich bringt, einem Publizisten des neunzehnten Jahrhunderts oder einem zeitgenössischen amerikanischen Finanzmann als ein schrecklicher Eingriff in die persönliche Freiheit erscheinen würde, verteidige ich sie im Gegenteil als das einzig geeignete Mittel, die Zerstörung der bestehenden Wirtschaftsformen in ihrer Gesamtheit zu vermeiden und als Bedingung für das erfolgreiche Wirken der Initiative des Einzelnen. (Keynes 1936, S. 321; Hofmann 1966, S. 222)

der Marktkräfte in der Krise („reinigende" Funktion der Krise) beeinträchtigt werde.

In späteren Theorieentwicklungen, die an Keynes anknüpfen oder auf Keynes reagieren, gibt es Ansätze, die die keynesianische Makroökonomie durch neoklassische Marktanalysen (z.B. Arbeitsmarkt) ergänzen. Man spricht von Versuchen der mikroökonomischen Fundierung der Makroökonomie.

1966/67 erlebte Westdeutschland nach eineinhalb Jahrzehnten „Wirtschaftswunder" die erste konjunkturelle Krise, in deren Verlauf das so genannte Stabilitätsgesetz verabschiedet wurde (siehe oben Abschnitt 1.4). Die im Gesetz vorgesehenen haushaltspolitischen Instrumente der Konjunkturpolitik sind weitgehend an keynesianischen Vorstellungen orientiert. Für den Fall der Rezession können zusätzliche staatliche Ausgabenprogramme beschlossen werden, die in einem begrenzten Rahmen durch neue Kredite finanziert werden können. Damit soll der Staat direkt die gesamtwirtschaftliche Nachfrage erhöhen. Außerdem sind im Gesetz Maßnahmen vorgesehen, mit denen der Staat indirekt auf die gesamtwirtschaftliche Nachfrage einwirken kann: Einkommensteuer und Körperschaftsteuer können bis zu 10 % abgesenkt werden. Die Senkung der Einkommensteuer, die die Lohnsteuer umfasst, soll die Konsumnachfrage anreizen. Steuersenkung bei Einkommen- und bei Körperschaftsteuer soll die Investitionsbereitschaft der Unternehmen erhöhen. Dies kann zusätzlich durch Investitionsprämien und verbesserte steuerliche Abschreibungen geschehen. Für den Fall konjunktureller Überhitzungen sollen die genannten Instrumente spiegelbildlich angewandt werden, um gesamtwirtschaftliche Nachfrage zu dämpfen. In der 1966/67er Krise wurde von der Regierung keynesianische Konjunkturpolitik betrieben. Die schnelle Überwindung der Krise und die Rückkehr zu Vollbeschäftigung wurden allgemein als Erfolg der Politik angesehen. Auch in anderen Ländern verbreitete sich in den 1960er Jahren ein allgemeiner Optimismus, der Instrumentenkasten des keynesianischen Politikkonzepts biete die Möglichkeit konjunkturelle Schwankungen dämpfen zu können.

2.4 Das monetaristische Gegenkonzept und der Sachverständigenrat

Keynes selbst war der Meinung, dass sein Konzept der staatlichen Nachfragebeeinflussung nicht nur zur Überwindung von Depressionen, sondern auch zur Dämpfung von Boom und Inflation geeignet sei. Preissteigerungen seien im Wesentlichen darauf zurückzuführen, dass die gesamtwirtschaftliche Nachfrage größer sei als das gesamtwirtschaftliche Angebot. Der Staat müsse durch seine Haushaltspolitik daher in der Hochkonjunktur auf eine Verringerung der öffentlichen und privaten Nachfrage hinwirken, um die Inflation zu bekämpfen.

Anfang der 1970er Jahre gab es in der BRD Inflationstendenzen, die man mit einer restriktiven staatlichen Haushaltspolitik einzudämmen versuchte, hatte damit aber wenig Erfolg. In anderen Ländern hatten sich Anfang der 1970er Jahre Situationen ergeben, die die Regierungen bei ihrer Konjunkturpolitik in noch größere Schwierigkeiten gebracht hatten. Die USA z.B. erlebten damals eine sogenannte Stagflation, eine Entwicklung, in der stagnierendes Wirtschaftswachstum und hohe Arbeitslosigkeit gleichzeitig mit hohen Inflationsraten auftraten. Die Regierung war in der Klemme: Sollte sie „Gas geben" wegen der Arbeitslosigkeit oder sollte sie „bremsen" wegen der hohen Preissteigerungen?

Die offensichtliche Untauglichkeit des keynesianischen Instrumentariums zur Inflations- und vor allem zur Stagflationsbekämpfung gab solchen Theoretikern Auftrieb, die den keynesianischen Staatsinterventionismus schon immer abgelehnt hatten. Als eine solche Gruppe von Ökonomen fand Anfang der 1970er Jahre die der Monetaristen mit ihrem Wortführer Milton Friedman (1912-2006) Gehör. Die Monetaristen selbst bezeichneten ihre Konzeption – vor allem gegen den Keynesianismus gerichtet – als eine „Gegenrevolution". Die monetaristische Theorie basiert auf zwei Grundannahmen:

- Der Marktmechanismus ist auch in der modernen Wirtschaft grundsätzlich wirksam und gewährleistet bei flexiblen Preisen und Löhnen eine stabile Entwicklung des privaten Sektors der Wirtschaft (zentrale Annahme neoklassisch-wirtschaftsliberaler Theorien).
- Veränderungen der Geldmenge haben entscheidenden Einfluss insbesondere auf die Preisentwicklung.

Die Keynesianer halten das Marktsystem für instabil und haben für den Fall von Depressionen Zweifel an einer hinreichend raschen Rückkehr zur Vollbeschäftigung allein mit Hilfe von Marktanpassungen. Da sie die Geld- und Kreditpolitik der Notenbank für nicht wirksam genug halten, fordern sie eine antizyklische

Nachfragebeeinflussung über den Staatshaushalt. Die Monetaristen kehren nun mit ihrer Stabilitätsannahme zu den wirtschaftsliberalen Gedanken des „Say'schen Theorems" zurück. Sie behaupten, dass Krisen allenfalls die Form kurzfristiger Reibungserscheinungen annehmen können, die durch den Markt überwunden werden. Wirtschaftskrisen würden im Übrigen nicht durch den privaten Sektor, sondern durch Fehlverhalten des Staates erzeugt. Dazu zählen die Monetaristen vor allem die in den 1960er und 1970er Jahren von vielen Regierungen praktizierte fallweise Konjunkturpolitik. Die der Absicht nach antizyklisch angelegte Finanz- und Geldpolitik sei wirkungslos, weil die zusätzliche Kreditnachfrage zur Finanzierung von Ausgabenprogrammen des Staates zu allgemeinen Zinserhöhungen führten, wodurch private Kreditnehmer vom Kreditmarkt verdrängt würden („Crowding-out"). Außerdem wirkten staatliche Maßnahmen, die der Ankurbelung der Konjunktur dienen sollen, nur mit Verzögerung (eventuell erst im beginnenden Aufschwung), was destabilisierend wirke.

Die Konsequenz für die Wirtschaftspolitik, die die Monetaristen aus diesen Überlegungen ziehen, lautet: Der Staat soll überhaupt keine antizyklische Politik betreiben, sondern soll vor allem eine „Verstetigung" der Geldversorgung durch die Zentralbank vornehmen. Insbesondere im Hinblick auf das Inflationsproblem kommt der Geldmenge, die in einer Volkswirtschaft im Umlauf ist, nach Ansicht der Monetaristen entscheidende Bedeutung zu. Die Geldmenge besteht zum einen aus den umlaufenden Banknoten und zum zweiten aus den Guthaben, die Bankkunden vor allem auf ihren Girokonten haben. Die zweite Art von Geld können die Banken z.B. durch Kreditvergabe vergrößern. Die Zentralbank kann den Spielraum für Kreditgewährung, den die Banken haben, vergrößern oder verkleinern. Damit kann die Notenbank die in Umlauf befindliche Geldmenge beeinflussen (dazu Kapitel 4). Eine allgemeine Erhöhung der Preise in einer Volkswirtschaft kann nur stattfinden, wenn auch mehr Geld in Umlauf kommt, damit alle Waren zu erhöhten Preisen gekauft werden können. Diesen Gedanken kehren die Monetaristen um und sehen in der Ausdehnung der Geldmenge die Ursache der Inflation. Entsprechend fordern sie, dass die Zentralnotenbank eine Vergrößerung der Geldmenge nur so weit zulässt, dass davon keine inflationären Tendenzen ausgehen. Das bedeutet, dass die Geldmenge nur in dem Umfang zunehmen soll, wie die Wirtschaft längerfristig real (also ohne Preissteigerungen) wächst.

In den 1970er Jahren fand in der vorherrschenden volkswirtschaftlichen Lehre eine Rückwendung zu neoklassisch-wirtschaftsliberalem Denken statt. Die Monetaristen hatten dafür einige Anregungen gegeben. Anlass war das Versagen keynesianischer Politikkonzepte bei Inflation und Stagflation. In Deutschland wurde der Meinungswandel besonders deutlich in den Jahresgutachten des „Sachverständigenrates zur Begutachtung der gesamtwirtschaftlichen Entwicklung". Der Sachverständigenrat (SVR) besteht aus fünf Wirtschaftswissenschaftlern, die auf Vorschlag der Bundesregierung vom Bundespräsidenten berufen werden. Nach dem Gesetz ist der SVR beauftragt, „Fehlentwicklungen und Möglichkeiten zu deren Vermeidung" aufzuzeigen. Er soll jährlich der Bundesregierung ein Gutachten über die Wirtschaftsentwicklung erstellen. Die Sachverständigen dürfen keinen wirtschaftlichen Interessenorganisationen angehören. Sie sollen – zumindest laut Gesetz – keine bestimmten Empfehlungen geben, sondern nur verschiedene Möglichkeiten politischen Handelns aufzeigen. Mit diesen beiden Forderungen verknüpft der Gesetzgeber die Erwartung von „objektiven" und von Interessen unabhängigen wissenschaftlichen Begutachtungen.

Die Hinwendung des SVR zu neoklassisch-wirtschaftsliberalem Denken wurde besonders deutlich in seiner Beurteilung der zweiten Wirtschaftskrise der BRD 1974/75. Unter der Überschrift „Anatomie einer Stabilisierungskrise" griff der SVR das wirtschaftsliberale Bild von der „Reinigungskrise" auf. Die im Jahresgutachten 1975 formulierten Gedanken wurden als grundlegend für die Analyse konjunktureller Probleme und fanden sich ähnlich in vielen SVR-Gutachten der nächsten Jahrzehnte wieder.

Die Ursache der 1974/75er Krise sah der SVR vor allem in überzogenen Ansprüchen der Arbeitnehmer: „Unter den binnenwirtschaftlichen Gründen ist als erstes der Verteilungskampf zu nennen. (...) Denn zu den Fehlentwicklungen ist es nicht von heute auf morgen gekommen. (...) Sie haben ihre Wurzeln in (...) überzogenen Ansprüchen" (SVR 1975, Ziffern 23 und 63). Lohnsteigerungen führten zu Inflation: „Lohnsteigerungen, die weit über den in der Wirtschaft erzielbaren Produktivitätsfortschritt hinausgingen, wurden mit Preissteigerungen pariert" (SVR 1975, Ziffer 64). Die Bekämpfung der Inflation durch die Geldpolitik der Bundesbank trug zum Zustandekommen von Krise und Arbeitslosigkeit bei. Der SVR spricht von „der Transformation des Inflationsrisikos in ein Beschäftigungsrisiko, wie sie eine konsequente Geldpolitik bewirkt" (SVR 1975, Ziffer 379). „Die Rückgewinnung von mehr Stabilität musste zu Produktionseinschränkungen und zu Beschäftigungseinbußen führen" (SVR 1975, Ziffer 63). „So musste die Rezession – im Kern eine Stabilisierungskrise – wohl oder übel durchgestanden werden" (SVR 1975, Ziffer 84).

Arbeitslosigkeit betrachtet der SVR als notwendige Strafe für das Durchsetzen „überzogener Ansprüche" im Verteilungskampf: „Eine Stabilisierungskrise ist ein verspätetes Disziplinieren dieses Kampfes. (…). Die Arbeitnehmer und ihre Organisationen bekommen, treiben sie das Lohnniveau zu hoch, die Haftungsfolge ‚Unterbeschäftigung' erst zu spüren, wenn es bereits zu spät ist. Die Arbeitgeber lassen (...) sich ohne großen Widerstand ihre Erträge zugunsten der Löhne kürzen und schränken alsdann unter Klagen ihre Investitionen ein" (SVR 1975, Ziffern 379 und 307).

Der SVR leitet vor allem zwei Folgerungen aus seiner Analyse der 1974/75er Krise ab. Die erste besteht in der Überzeugung, Arbeitslosigkeit lasse sich überwinden durch die Umverteilung der Einkommen von den Löhnen zu den Gewinnen. Der SVR spricht von „der Notwendigkeit einer Korrektur in der Einkommensverteilung" (SVR 1975, Ziffer 453). „Es wird bei den Lohnverhandlungen auf Ergebnisse ankommen, die auch in die

Zukunft ausstrahlen, die also Vertrauen schaffen, dass neue Investitionen wieder lohnend erscheinen, dass der Lohnkostendruck bald gemildert wird und sich auch später in Grenzen hält" (SVR 1975, Ziffer 460). Auch während der dritten Wirtschaftskrise der Bundesrepublik 1981/82 hieß es beim SVR: „Grundlinie der Lohnpolitik sollte sein, zu Vereinbarungen zu kommen, bei denen die Reallohnentwicklung hinter der Produktivitätssteigerung zurückbleibt, solange die Arbeitslosigkeit hoch ist" (SVR 1982, Ziffer 221). Ähnlich auch in der vierten konjunkturellen Krise 1993: „Die Tarifvertragsparteien sollten den Kurs in der Lohnrunde so steuern, dass der Anstieg der Tariflöhne im Durchschnitt unter dem mittelfristigen Produktivitätsfortschritt bleibt. Damit würden sie die Voraussetzung für eine positive Entwicklung von Beschäftigung und Realeinkommen der Arbeitnehmer für die nächsten Jahre legen" (SVR 1993, Ziffer 350).

Reallohnerhöhungen, die hinter der Produktivitätssteigerung zurückbleiben, bedeuten eine Umverteilung der Einkommen von den Löhnen zu den Gewinnen (vgl. Kasten 2). Die Vorstellung, dass mit einer solchen Umverteilung Krise und Arbeitslosigkeit überwunden werden können, ist eine neoklassische Grundposition des SVR. Im nächsten Kapitel wird zu zeigen sein, dass diese theoretische Überzeugung vom SVR nicht nur im Hinblick auf konjunkturelle Arbeitslosigkeit, sondern auch mit Blick auf das Problem langfristiger Arbeitslosigkeit vertreten wird.

Die zweite Folgerung, die der SVR aus seiner Analyse der 1974/75er Krise ableitet, betrifft die Einschätzung staatlicher Konjunkturpolitik. Der SVR lehnt eine keynesianische antizyklische Haushaltspolitik ab: „Die herkömmliche Globalsteuerung ist (...) in eine Krise geraten. (...) Der alte Optimismus wird nicht wiederkehren. Und das muss nicht schaden. Die Konjunkturpolitik ist keine Versicherung gegen die Folgen von Fehlverhalten" (SVR 1975, Ziffer 383). Auch diese Sichtweise wird zu einer Grundposition des SVR: „Die Tarifpolitik (soll) nicht darauf vertrauen können, dass eine verfehlte Lohnpolitik in ihren Auswirkungen auf die Beschäftigung durch staatliche

Kasten 2: Verteilungsneutraler Spielraum für Lohnerhöhungen

Eine Erhöhung der Arbeitsproduktivität (z.B. durch technischen Fortschritt) bedeutet, dass in einer bestimmten Zeit eine größere Menge produziert werden kann. Oder anders ausgedrückt: Eine bestimmte Produktmenge kann in kürzerer Arbeitszeit hergestellt werden. Für die Unternehmen heißt das: Für ein bestimmtes Produkt muss jetzt weniger Arbeitszeit aufgewendet und bezahlt werden. Bei gleichbleibendem Stundenlohn verringern sich so die Lohnkosten pro Stück, die sogenannten Lohnstückkosten sinken. Der Stückgewinn des Unternehmens steigt. Den gleichen Effekt haben Preiserhöhungen. Sie bringen zusätzliche Einnahmen für die Unternehmen. Bei unveränderten Stundenlöhnen würde sich in beiden Fällen gesamtwirtschaftlich gesehen die Einkommensverteilung von den Löhnen zu den Gewinnen verschieben (Senkung der Lohnquote).

Bei einer prozentualen Lohnerhöhung im Umfang von gestiegener Arbeitsproduktivität plus Preissteigerungsrate (Inflationsrate) nehmen auch die Gewinne mit gleichem Prozentsatz zu. An den Vorteilen aus gestiegener Arbeitsproduktivität und aus Zusatzeinnahmen durch gestiegene Preise können Arbeitnehmer und Unternehmen gleichermaßen teilhaben. Solche Lohnerhöhungen sind für die Unternehmen kostenneutral. Sie sind gesamtwirtschaftlich verteilungsneutral, d.h. sie lassen die Lohnquote unverändert. Die Summe aus prozentualem Anstieg der Arbeitsproduktivität und Preissteigerungsrate bildet den verteilungsneutralen Spielraum für Lohnerhöhungen. Erhöhungen der Löhne, die diesen Spielraum nicht ausschöpfen, bedeuten eine Umverteilung von den Löhnen zu den Gewinnen.

Haushaltsdefizite oder expansive Geldpolitik ausgeglichen wird" (SVR 1997, Ziffer 294).

Als Hauptursache von Krise und Arbeitslosigkeit werden überzogene Lohnerhöhungen angesehen. Die Arbeitnehmer, die für dieses „Fehlverhalten" verantwortlich sind, sollen durch eine „Stabilisierungskrise" und die dabei ansteigende Arbeitslosigkeit „diszipliniert" werden. Antizyklische Konjunkturpolitik würde ihnen die Verantwortung für ihr Fehlverhalten abnehmen und wird daher vom SVR abgelehnt. Diese Schuld-und-Sühne-Sprache wie im 1975er Jahresgutachten findet sich in späteren Gutachten des SVR nicht durchgängig, gleichwohl wird die neoklassisch-wirtschaftsliberale Sicht auf konjunkturelle Krisen über mehrere Jahrzehnte vertreten. In der Wirtschaftskrise 2009 wird vom SVR nicht die Lohnentwicklung in Deutschland – diese war in den Jahren vor der Krise sehr moderat – sondern der „exogene" Schock der Finanzkrise als Ursache gesehen.

Kritisch anmerken lässt sich zur Sichtweise des Sachverständigenrates im Hinblick auf konjunkturelle Krisen, dass die vom SVR offen oder versteckt immer wieder vertretene These von der grundsätzlichen Stabilität des privaten Sektors der Wirtschaft der historischen Erfahrung widerspricht. Auch im 19. Jahrhundert, als es noch keine starken Gewerkschaften gab und als die staatlichen Aktivitäten nur einen Bruchteil des heutigen Umfangs ausmachten, hat es Konjunkturschwankungen gegeben. Der SVR sah im Fehlverhalten der Arbeitnehmer (überzogene Ansprüche bei Lohnerhöhungen) immer wieder den wichtigsten Grund für konjunkturelle Krisen. Dabei wird nicht gesehen, dass der Konflikt um die Einkommensverteilung eine normale Begleiterscheinung des modernen Kapitalismus ist und dass die Lohnquote üblicherweise mit den Konjunkturbewegungen schwankt.

Außerdem berücksichtigt der SVR meist nicht, dass es andere theoretische Erklärungsansätze für konjunkturelle Krisen gibt, als die von ihm vertretenen. Eine kritische Gegenposition zum SVR nimmt seit den 1970er Jahren die Arbeitsgruppe Alternative Wirtschaftspolitik ein, die jährlich ein Memorandum gewissermaßen als Gegengutachten zum SVR-Jahresgutachten veröffentlicht. Die Verfasser verstehen sich als den Gewerkschaften nahestehend und argumentieren meist von keynesianischem Standpunkt aus. Sie sehen die Ursachen konjunktureller Schwankungen eher in (normalen) Instabilitäten des privaten Sektors der kapitalistischen Wirtschaft, insbesondere in disproportionalen Entwicklungen der gesamtwirtschaftlichen Nachfragekomponenten, so etwa in überproportionaler Ausweitung der Unternehmensinvestitionen im Boom, für die irgendwann Auslastungsprobleme entstehen. Auch unterproportionale Erhöhungen der Löhne, wodurch Kaufkraft und Nachfrage der Konsumenten sich zu schwach entwickeln, werden als mögliche Gründe für Konjunktureinbrüche gesehen. Als Maßnahmen gegen die Krise werden staatliche Ausgabenprogramme (Infrastruktur, Verbesserung von Sozialleistungen) gefordert.

2.5 Keynes oder Friedman

Spätestens seit den 1980er Jahren hatte man in den meisten Ländern den Versuch aufgegeben, antizyklische Konjunkturpolitik nach keynesianischem Muster zu betreiben. Das Stabilitätsgesetz ist nach wie vor gültiges Recht in Deutschland, aber angewandt wurde es bis zur Krise 2008/09 nicht mehr. Warum ist das keynesianische Konzept in die Kritik geraten?

Zunächst wird häufig auf Gründe hingewiesen, die mit Voraussetzungen für die wirksame Anwendung des Konzepts zu tun haben: Ohne halbwegs zuverlässige Diagnosen und Prognosen kann man nicht rechtzeitig die richtigen Maßnahmen ergreifen. Meist ist es jedoch für die Ökonomen sehr schwierig zu bestimmen, ob z.B. Anzeichen einer wirtschaftlichen Abschwächung nur auf eine kurzfristige Abkühlung hinweisen oder ob es sich um den Beginn eines Abschwungs zu einer tief greifenden Krise handelt. Ein weiteres Problem besteht in der Wirkungsverzögerung konjunkturpolitischer Maßnahmen. Zwischen dem Ausgabenbeschluss der Regierung und der dadurch angeregten Produktion kann unter Umständen so viel Zeit vergehen, dass die Maßnahmen nicht zur Anregung einer schwachen Konjunktur beitragen, sondern ihre Wirkung erst in der nächsten Hochkonjunktur entfalten und so eine Konjunkturüberhitzung herbeiführen. Damit würde dann tatsächlich das geschehen, was die Monetaristen befürchten: Die keynesianische Konjunkturpolitik kann auch Konjunkturschwankungen verstärken, anstatt zu verringern.

Des Weiteren ergeben sich längerfristige Probleme für die staatlichen Finanzen (wachsende Staatsverschuldung), wenn in den Krisen defizitfinanzierte Ausgabenprogramme aufgelegt werden und wenn es nicht gelingt, in der Hochkonjunktur Haushaltsüberschüsse zu erzielen oder zumindest ausgeglichene Haushalte zu erreichen. Wenn keynesianische Konjunkturpolitik nicht in einer symmetrischen Folge von Defiziten und Überschüssen praktiziert wird, führt sie zu wachsender Staatsverschuldung. Diese Gefahr entsteht insbesondere dann, wenn Arbeitslosigkeit von einem konjunkturellen zu einem langfristigen Problem wird, wie es seit Mitte der 1970er Jahre zu beobachten ist. Das Problem längerfristiger Arbeitslosigkeit wird im nächsten Kapitel zu behandeln sein.

Der Hauptgrund dafür, dass keynesianische Konjunkturpolitik nicht mehr praktiziert wurde, liegt weniger an den eher technischen Problemen des Konzepts als an einem Sinneswandel derer, die die wirtschaftspolitische Diskussion und Praxis bestimmen. In den 1980er Jahren fanden wirtschaftsliberale (oft auch als neoliberal bezeichnete) Ideen der von Milton Friedman angeführten Monetaristen Eingang in die Wirtschaftspolitik des US-Präsidenten Reagan und der britischen Regierungschefin Thatcher. In Deutschland drückte der Sachverständigenrat diese wirtschaftsliberale Denkweise aus, wenn er beispielsweise Stabilisierungskrisen als Sanktionsmechanismen gegen überzogene Arbeitnehmeransprüche versteht. Auch sozialdemokratische Regierungen orientierten sich weitgehend an neoliberalen Ideen. Dass man konjunkturelle Krisen seit den 1980er Jahren häufig ohne konjunkturpolitisches Gegensteuern ablaufen ließ, kann man sich vielleicht erklären, wenn man die Krisen der letzten Jahrzehnte mit der großen Weltwirtschaftskrise der 1930er Jahre vergleicht. Damals schien das kapitalistische Wirtschaftssystem in mehreren Industrieländern aufs äußerste gefährdet, ja der Zusammenbruch des Kapitalismus und sozialistische Umstürze schienen greifbar nahe. In unmittelbarer Erinnerung an jene Situation war man bereit, Keynes mit seinem beschäftigungspolitischen Konzept als Retter des Kapitalismus zu sehen. In den konjunkturellen Krisen der letzten Jahrzehnte war eine Gefährdung des kapitalistischen Systems nicht erkennbar.

Auch wenn es Gründe dafür geben mochte, keynesianische antizyklische Haushaltspolitik nicht mehr zu praktizieren, so gibt es andererseits gute Gründe dafür, einen zentralen Hinweis von Keynes auch in zukünftigen konjunkturellen Krisen zu beachten: Alle wirtschaftlichen Aktivitäten haben auch Nachfragewirkungen im gesamtwirtschaftlichen Kreislauf. So sind Löhne nicht nur Kosten für die Unternehmen, sondern auch Kaufkraft und damit potenzielle Nachfrage. Eine Überwindung der Krise durch Lohnsenkungen kann scheitern, weil die Konsumgüternachfrage dadurch sinkt.

Ein anderer Fall: Folgt man bei der Gestaltung des Staatshaushaltes alten wirtschaftsliberalen Forderungen nach einem jederzeit ausgeglichenen Haushalt, so kann das in der beginnenden konjunkturellen Krise zu einer Verschärfung der Rezession von der Nachfrageseite her führen. Wenn in der beginnenden Krise die Steuereinnahmen sinken und man passt die Staatsausgaben den sinkenden Einnahmen an, so wird damit die gesamtwirtschaftliche Nachfrage vermindert mit den entsprechenden Wirkungen auf Produktion und Beschäftigung. Die Regierung Brüning hat Anfang der 1930er Jahre am Beginn der damaligen Weltwirtschaftskrise eine solche Politik betrieben mit den oft beschriebenen verhängnisvollen Folgen (vgl. Kapitel 1.3).

Bei der staatlichen Haushaltspolitik müssen Wirkungen auf die gesamtwirtschaftliche Nachfrage (keynesianisches makroökonomisches Denken) berücksichtigt werden. Um eine prozyklische Haushaltspolitik – wie in den 1930er Jahren – zu vermeiden, hat der SVR sowohl in der Krise 2001 als auch im Jahresgutachten 2008 eine Finanzpolitik im Sinne sogenannter automatischer Stabilisatoren empfohlen (SVR 2001, Ziffer 26; SVR 2008, Ziffer 441). Das bedeutet, dass im Abschwung auf sinkende Steuereinnahmen nicht mit einer Kürzung der Staatsausgaben reagiert werden soll. Ein dadurch zusätzliches konjunkturell bedingtes Staatsdefizit soll in Kauf genommen werden, damit durch die Haushaltspolitik des Staates keine Verschärfung der Krise bewirkt wird. In der Krise 2001 hielt der SVR darüber hinausgehende Konjunkturprogramme der Regierung nicht für wünschenswert. Anders im Jahre 2008, außer dem haushaltspolitischen automatischen Stabilisator hielt der SVR Konjunkturprogramme angesichts der zu erwartenden tief greifenden Rezession für erforderlich (vgl. Abschnitt 5.4).

Eine solche Haushaltspolitik ist in Europa heute allerdings nur eingeschränkt möglich, da es Vorschriften gibt, die die staatliche Kreditaufnahme begrenzen. Den Charakter eines beinahe eigenständigen wirtschaftspolitischen Zieles hat seit der Vereinbarung des Maastricht-Vertrages (EU-Vertrag, 1992) der Ausgleich der Staatshaushalte bekommen. Der Vertrag bildete die Grundlage für die Schaffung der Europäischen Wirtschafts- und Währungsunion (EU-Länder, in denen der Euro als Währung gilt). Im europäischen Stabilitäts- und Wachstumspakt von 1997 werden stabilitätspolitische Vorschriften weiter konkretisiert. Für die Mitgliedsländer der Europäischen Währungsunion ist nach diesen Regelungen nur ein maximales Defizit der öffentlichen Haushalte in Höhe von 3 % des BIP zulässig. Außerdem wird das „mittelfristige Ziel eines nahezu ausgeglichenen Haushalts" formuliert.

Die Bundesregierung hat 2009 die Initiative ergriffen, das Ziel möglichst ausgeglichener Staatshaushalte durch eine Grundgesetzänderung festzuschreiben. Die bisherige Regelung im Grundgesetz ließ jährliche zusätzliche Staatsschulden im Umfang der staatlichen Investitionen zu (Artikel 115 GG). Nach der neuen Regelung, der sogenannten Schuldenbremse wird die zulässige Neuverschuldung des Bundeshaushaltes auf 0,35 % des BIP begrenzt. Die Länder sollen ab 2020 überhaupt keine Schulden mehr machen dürfen. Ausnahmen sollen sowohl bei den Maastricht-Kriterien als auch bei der neuen Schuldenbremse des Grundgesetzes Naturkatastrophen und schwere Rezessionen sein. Mit eng begrenzten staatlichen Defiziten soll die Europäische Zentralbank bei ihrer Aufgabe, die Geldwertstabilität zu sichern, unterstützt werden. Außerdem gilt ein möglichst geringes Staatsdefizit aus neoliberaler Sicht als förderlich für das wirtschaftliche Wachstum. Ob ausgeglichene Haushalte dem Wachstumsziel dienen, ist umstritten. Es wird zu bedenken gegeben, dass die Ersparnisse der Bevölkerung volkswirtschaftlich gesehen gut angelegt sein könnten, wenn man davon dem Staat Kredite gibt zur Finanzierung von Investitionen (z.B. Infrastruktur und Bildung), die auch in späteren Jahren noch genutzt werden können. Auch Privatunternehmen finanzieren Investitionen mit Krediten.

Tab. 2: Konjunkturelle Krisen: Ursachen, Überwindung, Rolle des Staates

	Neoklassische Theorie/ Wirtschaftsliberalismus	Keynesianismus
Grundannahmen über die Marktwirtschaft	Selbstregulierung der Wirtschaft durch den Marktmechanismus Stabilität des Wirtschaftsprozesses und Tendenz zu Vollbeschäftigung bei flexiblen Preisen und Löhnen	Monopolistische Tendenzen schränken den Wettbewerb und damit die Marktsteuerung ein. Krisenanfälligkeit der Marktwirtschaft Marktmechanismus reguliert die Art der Produktion befriedigend, sorgt aber nicht für ein Niveau der Produktion, bei dem Vollbeschäftigung herrscht.
Entstehung von Krisen	Varianten: Say'sches Theorem: Gleichgewicht von Angebot und Nachfrage (Leugnen oder Vernachlässigen von Krisen) Krisen durch exogene Störungen (z.B. Sonnenflecken) Krisen aufgrund marktwidriger Entwicklungen (z.B. zu hohe Löhne, Tarifverträge, die eine Marktanpassung der Löhne verhindern)	Ablehnung des Say'schen Theorems Absatzschwierigkeiten durch unzulängliche gesamtwirtschaftliche Nachfrage, wenn mehr gespart als investiert wird (Nachfragelücke) wechselseitig sich verstärkende Abwärtsentwicklung von Nachfrage, Produktion und Beschäftigung
Überwindung von Krisen	Selbstheilung über Marktprozesse, Krisen als Reinigungs- oder Stabilisierungskrise wegen Überangebots von Gütern, Arbeitskräften und Krediten, Senkung von Güterpreisen, Löhnen und Zinsen bei sinkenden Preisen verstärkte Güternachfrage sinkende Kosten (Löhne, Zinsen) und steigende Gewinne führen zu mehr Investitionen, mehr Produktion, mehr Beschäftigung	Gleichgewicht zwischen Güterangebot und Güternachfrage bei Unterbeschäftigung: keine Selbstheilung der Krise Lohnsenkungen verstärken die Abwärtsbewegung wegen sinkender Kaufkraft und Verringerung der Konsumnachfrage Überwindung der Krise durch staatliche Konjunkturpolitik: antizyklische Haushaltspolitik in der Krise: mehr ausgeben als einnehmen (deficit spending), so gesamtwirtschaftliche Nachfrage schaffen, erhoffte Folge: mehr Produktion, mehr Beschäftigung
Rolle des Staates im Zusammenhang mit dem Krisenproblem	geforderte Neutralität des Staates im Wirtschaftsprozess: Laissez-faire ausgeglichener Staatshaushalt angebotsorientierte Politik	Staat soll gesamtwirtschaftliche Nachfrage beeinflussen (nachfrageorientierte Politik), um Konjunktur zu stabilisieren und Vollbeschäftigung zu erreichen.

3. Arbeitslosigkeit

Im Kapitel über den Arbeitsmarkt werden Antworten auf folgende Fragen gesucht:

- Wie wird das gesamte Ausmaß der Arbeitslosigkeit gemessen?
- Welcher vor allem gesamtwirtschaftlichen Grundlogik folgt die Arbeitsmarktentwicklung?
- Welche Ursachenerklärung und welche Therapievorschläge im Hinblick auf lang anhaltende Arbeitslosigkeit werden aus neoklassisch-wirtschaftsliberaler und aus keynesianischer Sicht angeboten?
- Welchen Ideen folgten die Arbeitsmarktreformen (Agenda 2010, Hartz-Gesetze) ab 2003 und welche Erfolge hatten sie?

3.1 „Wer arbeiten will, findet einen Arbeitsplatz"

Seit Mitte der 1970er Jahre ist in Westdeutschland ein wachsendes Ungleichgewicht auf dem Arbeitsmarkt entstanden. Zuvor hatte es im Anschluss an das Wirtschaftswunder der 1950er Jahre 15 Jahre Vollbeschäftigung gegeben. In mehreren konjunkturellen Krisen ist seitdem die Arbeitslosigkeit in Stufen – später in Gesamtdeutschland – bis auf jahresdurchschnittlich knapp fünf Millionen registrierte Arbeitslose (2005) angestiegen. Bis 2008 hat sich die Zahl der Arbeitslosen dann auf im Jahresdurchschnitt 3,3 Millionen verringert und ist 2009 dann rezessionsbedingt wieder angestiegen.

Die Zahl der registrierten Arbeitslosen wird regelmäßig von der Bundesagentur für Arbeit ermittelt. Als arbeitslos im Sinne der Statistik gelten Personen, die keine Beschäftigung haben (weniger

Abbildung 4: Entwicklung der Arbeitslosigkeit in Deutschland* seit 1970 – in Millionen –

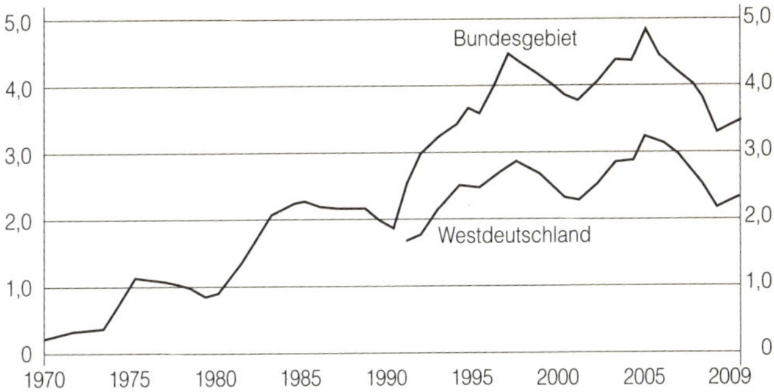

* Bis 1990 Westdeutschland

Quelle: Bundesagentur für Arbeit

als 15 Wochenstunden), als Arbeit suchend bei den Arbeitsagenturen gemeldet sind und für den Arbeitsmarkt verfügbar sind (z.B. nicht krank sind). Abbildung 4 zeigt, wie sich die Zahl der registrierten Arbeitslosen seit den 1970er Jahren entwickelt hat. Statt der absoluten Arbeitslosenzahlen werden auch Arbeitslosenquoten benutzt, um Arbeitslosigkeit zu beziffern. Man setzt die Zahl der Arbeitslosen z.B. ins Verhältnis zur Zahl der Erwerbspersonen (= Arbeitnehmer plus Arbeitsuchende plus Selbstständige). Sowohl bei der Berechnung der Arbeitslosenzahlen wie auch der Arbeitslosenquoten werden verschiedene Definitionen benutzt, mit denen man zu jeweils unterschiedlichen Ergebnissen kommt.

Außer der registrierten (offenen) Arbeitslosigkeit wird auch eine verdeckte Arbeitslosigkeit statistisch erfasst. Diese betrifft Personen, die sich arbeitslos gemeldet haben, aber aufgrund von Maßnahmen der Arbeitsagenturen zurzeit für den Arbeitsmarkt nicht verfügbar sind (z.B. wegen beruflicher Weiterbildung). Das Institut für Arbeitsmarkt- und Berufsforschung (IAB), eine

Forschungseinrichtung der Bundesagentur für Arbeit, nennt diese verdeckte Arbeitslosigkeit „stille Reserve in Maßnahmen" und beziffert sie für 2008 mit etwa 700 000. Personen auf ABM-Stellen und in Arbeitsgelegenheiten (Ein-Euro-Jobs) werden statistisch als Beschäftigte gezählt. Rechnet man sie zu den verdeckt Arbeitslosen, so kommen 2008 nach Angaben des IAB noch einmal etwa 500 000 Personen zu dieser Gruppe dazu (Summe dann: 1,2 Millionen).

Es gibt noch eine weitere Personengruppe, die als arbeitslos gilt und die als stille Reserve des Arbeitsmarktes bezeichnet wird. Das IAB spricht von stiller Reserve im engeren Sinne. Das sind Personen, die weder direkt noch indirekt von der Arbeitslosenstatistik erfasst sind, aber gleichwohl bereit wären, eine Arbeit anzunehmen, wenn sie die Chance hätten, einen Arbeitsplatz zu finden. Im Übrigen handelt es sich hier um Personen, die von den Arbeitsagenturen (bzw. Arbeitsgemeinschaften aus Arbeitsagenturen und kommunalen Ämtern) weder Geldleistungen (Arbeitslosengeld) beanspruchen können noch die Vermittlung einer Arbeitsstelle erwarten. Daher erscheinen sie gar nicht erst bei den Agenturen. Das IAB schätzt ihre Zahl für 2008 auf etwa 500 000. Registrierte und nicht registrierte Arbeitslose schätzt das IAB für 2008 auf insgesamt 4,9 Millionen (IAB-Kurzbericht 4/2009).

Den Arbeitslosen stehen in der Arbeitsmarktstatistik die offenen Stellen gegenüber. Die Bundesagentur für Arbeit gibt ihre Zahl im Jahresdurchschnitt für 2008 mit 600 000 an (SVR 2008, Tabelle 25).

In Abbildung 5 sind Angebot und Nachfrage nach Arbeitskräften gegenübergestellt. Hier werden auf der Angebotsseite des Arbeitsmarktes die Beschäftigten und die Arbeitslosen berücksichtigt und auf der Nachfrageseite alle besetzten und nicht besetzten (offenen) Stellen. Die in der Abbildung erkennbare Arbeitsplatzlücke wird in Tabelle 3 für das Jahr 2008 mit 3,4 Millionen errechnet. Es ist die Zahl der fehlenden regulären Arbeitsplätze für den Fall, dass das gesamte Erwerbspersonenpoten-

Abbildung 5: Struktur des Arbeitsmarktes

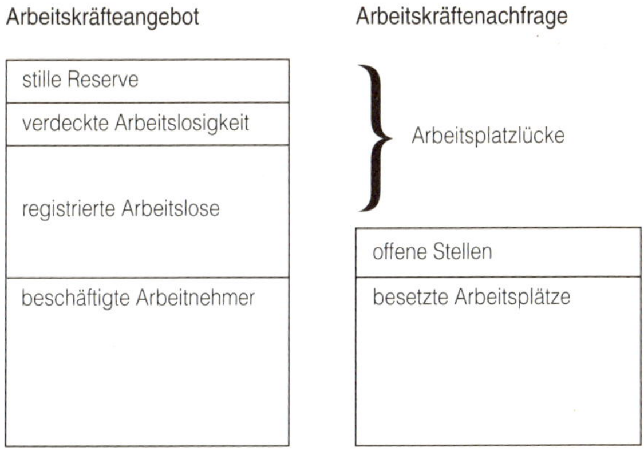

zial mobilisiert würde und alle in Tabelle 3 großzügig geschätzten offenen Stellen besetzt würden. Die häufig gehörte Behauptung, wer arbeiten will, könne einen Arbeitsplatz finden, kann daher nicht stimmen. Die Aussage mag für junge, gesunde, qualifizierte Personen zutreffen. Sie beschreibt nicht die Gesamtsituation am Arbeitsmarkt. Dort bleiben die Älteren, die weniger Qualifizierten und weniger Belastbaren aufgrund fehlender Arbeitsplätze als nicht vermittelbar übrig. Und das auch im Jahr 2008, als die Arbeitslosenzahlen konjunkturbedingt so niedrig waren, wie zuletzt zu Beginn der 1990er Jahre. In Rezessionsjahren und mit anderen Definitionen von verdeckter Arbeitslosigkeit lassen sich Zahlen für die Arbeitsplatzlücke in Deutschland von weit über 5 Millionen errechnen.

Die große Zahl der offenen Stellen bei gleichzeitig hoher Arbeitslosigkeit deutet darauf hin, dass hier z.B. die Qualifikationen der Arbeitslosen nicht zusammenpassen mit den Anforderungen der angebotenen Arbeitsplätze (sogenanntes Mismatch-Problem). Es ist Aufgabe der Arbeitsagenturen, durch Weiterbildungsmaßnahmen dieses Problem zu verringern.

Tabelle 3: Arbeitsplatzlücke im Jahr 2008

registrierte Arbeitslose	3,3 Mio.
verdeckte Arbeitslosigkeit	1,2 Mio.
stille Reserve (im engeren Sinne)	0,5 Mio.
Arbeitslose	5,0 Mio.
gemeldete offene Stellen	-0,6 Mio.
zusätzliche geschätzte offene Stellen (?)	-1,0 Mio.
Arbeitsplatzlücke	3,4 Mio.

Quellen: SVR 2008, Tabelle 25; IAB-Kurzbericht 4/2009

3.2 Bestimmungsgründe der Arbeitsmarktentwicklung

In der schematischen Darstellung der Arbeitsmarkteinflüsse (Abbildung 6) geht es um eine Gegenüberstellung des gesamten Arbeitskräfteangebots und der gesamten Arbeitskräftenachfrage entsprechend Abbildung 5. Die strukturellen Aspekte des Arbeitsmarktes, etwa im Sinne von Qualifikationen und Arbeitsplatzanforderungen, werden hier nicht betrachtet. Die Frage, mit der man die Darstellung verständlich machen kann, ist: Führen bestimmte Tendenzen oder Veränderungen bei den Bestimmungsgründen zu höherer oder geringerer Beschäftigung? Dies lässt sich für die

Abbildung 6

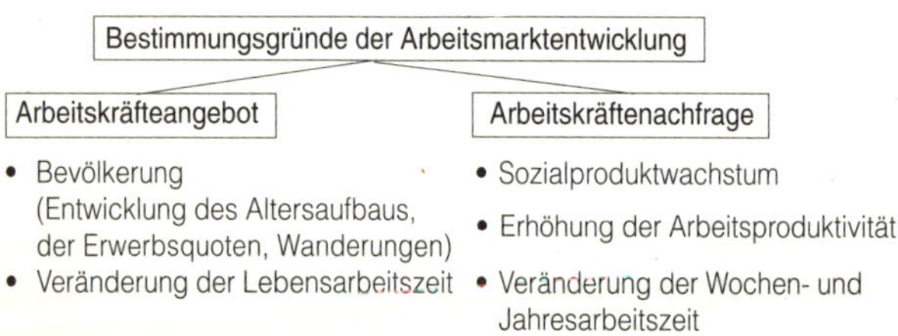

einzelnen Bestimmungsgründe am besten durch prozentuale jährliche Veränderungsraten plausibel machen.

Arbeitskräfteangebot:

- Bevölkerung: Scheiden starke Jahrgänge aus dem Berufsleben aus (z.B. Ruhestand) und treten schwache Jahrgänge ins Berufsleben ein, so findet eine Entlastung des Arbeitsmarktes (Verringerung des Arbeitskräfteangebots) statt. Seit mehreren Jahrzehnten vergrößert sich in Deutschland das Arbeitskräfteangebot durch zunehmende Erwerbsquoten der Frauen.
- Lebensarbeitszeit: Wird die Lebensarbeitszeit verkürzt, so verringert sich die Zahl der Personen, die für das Arbeitsleben verfügbar sind (Verringerung des Arbeitskräfteangebots).

Arbeitskräftenachfrage:

- Sozialproduktwachstum: Wächst das Sozialprodukt, so braucht man dafür mehr Arbeitskräfte, wenn sich die anderen Bestimmungsgründe nicht ändern. Nimmt das Bruttoinlandsprodukt (BIP) z.B. um 2 % zu, so muss sich die Beschäftigtenzahl ebenfalls um 2 % erhöhen, immer vorausgesetzt, die anderen Einflussfaktoren ändern sich nicht.
- Erhöhung der Arbeitsproduktivität: Das bedeutet, um eine bestimmte Produktmenge (ein bestimmtes BIP) herzustellen, benötigt man weniger Arbeitszeit. Bleibt für die Beschäftigten die Arbeitszeit unverändert, so kann man ein bestimmtes BIP mit weniger Arbeitskräften erstellen. Man spricht oft von einem „Freisetzungseffekt" als Folge steigender Arbeitsproduktivität. Erhöht sich z.B. die Arbeitsproduktivität um 2 % im Jahr und bleiben das Sozialprodukt und die anderen Bestimmungsgründe unverändert, so vermindert sich die Zahl der Beschäftigten um 2 %. Bei einer Beschäftigtenzahl von z.B. 30 Millionen ist das eine Verminderung um 600 000 und eine Erhöhung der Arbeitslosenzahl um ebenfalls 600 000.
- Wochen- und Jahresarbeitszeit: Verkürzt man z.B. die Wochenarbeitszeit von 40 auf 39 Stunden, so ist dies eine Arbeitszeitverkürzung um 2,5 %. Wenn das für alle Arbeitskräfte gilt, so müsste man 2,5 % mehr Arbeitskräfte beschäftigen, um die

vorhandene Arbeit zu erledigen. Wird allerdings diese Arbeit von den bisher Beschäftigten in 39 statt in 40 Stunden geleistet, so findet eine Intensivierung der Arbeit statt, die sich rechnerisch in einer Erhöhung der Arbeitsproduktivität niederschlägt. Der (theoretisch) positive Effekt der Arbeitszeitverkürzung würde gerade wieder aufgehoben durch den negativen Arbeitsmarkteffekt einer höheren Arbeitsproduktivität.

Das Zusammenspiel der erläuterten Bestimmungsgründe kann man als die Grundlogik des Arbeitsmarktes verstehen. Beschränkt man sich auf die Bestimmungsgründe Sozialprodukt und gesamtwirtschaftliche Arbeitsproduktivität, so kann man darin die gesamtwirtschaftliche Grundlogik des Arbeitsmarktes sehen. Sie soll mit Zahlenbeispielen weiter verdeutlicht werden. Bei der Erläuterung der Wirkungen, die von einer erhöhten Arbeitsproduktivität ausgehen, wurde eine Zunahme um 2 % innerhalb eines Jahres angenommen. Es zeigte sich, dass davon ein „Freisetzungseffekt" für die Beschäftigten von ebenfalls 2 % ausgeht. Diese für den Arbeitsmarkt belastende Wirkung kann durch wirtschaftliche Vorgänge nur vermieden werden, wenn gleichzeitig das Sozialprodukt ebenfalls um 2 % steigt, weil davon ein Mehrbedarf an Arbeitskräften ausgehen würde. Immer, wenn das Wirtschaftswachstum niedriger ist als die prozentuale Steigerung der Arbeitsproduktivität, gibt es eine Tendenz zu höherer Arbeitslosigkeit. Im Beispiel: Eine Erhöhung der Arbeitsproduktivität um 2 % und ein Wirtschaftswachstum von 1 % ergeben einen Abbau der Beschäftigung um 1 %. Die prozentuale Erhöhung der Arbeitsproduktivität wird auch als Beschäftigungsschwelle bezeichnet. Nur, wenn das Wirtschaftswachstum höher ist als die Zunahme der Arbeitsproduktivität kann es zu steigender Nachfrage nach Arbeitskräften (aus wirtschaftlichen Gründen) kommen. Im Beispiel: Bei einer Erhöhung der Arbeitsproduktivität um 2 % und einem Wirtschaftswachstum von 3 % ergibt sich eine Zunahme der Beschäftigung von 1 %.

Es sei betont: Bei den hier angestellten Überlegungen zu den Bestimmungsgründen der Arbeitsmarktentwicklung handelt es sich nicht um theoretische Hypothesen, die sich bei einer Überprüfung in der Realität als wahr oder falsch erweisen können. Hier geht es um logische Zusammenhänge, die unter den gesetzten Annahmen immer gelten, weil sie aus begrifflichen Definitionen logisch abgeleitet sind. Anders als bei der mikroökonomischen Marktmodelltheorie geht es hier nicht um theoretische Sonderfälle (z.B. Nachfrage in Abhängigkeit von der Preishöhe), sondern um eine gesamtwirtschaftliche Strukturbeschreibung.

Die erläuterten Bestimmungsgründe der Arbeitsmarktentwicklung können dazu dienen, langfristige Trends auf dem Arbeitsmarkt zu erklären. Es lässt sich zeigen, warum in den 1950er Jahren in der Bundesrepublik Deutschland eine Tendenz zur Vollbeschäftigung zu beobachten war und seit Mitte der 1970er Jahre eine Tendenz zu steigender Arbeitslosigkeit (Tabelle 4).

In den 1950er Jahren zur Zeit des Wirtschaftswunders nahm das Bruttoinlandsprodukt durchschnittlich jedes Jahr real um 8,2 % zu. Gleichzeitig erhöhte sich die Arbeitsproduktivität (je Erwerbstätigenstunde) pro Jahr im Durchschnitt des Jahrzehnts um 6,2 %. Das heißt, das reale Wirtschaftswachstum war im Durchschnitt zehn Jahre lang um 2 % höher als die Zunahme der Arbeitsproduktivität. Daraus errechnet sich ein positiver

Tabelle 4: Wirtschaftliche Bestimmungsgründe der Arbeitsmarktentwicklung 1950-1960, 1975-1989 und 1992-2008

Jahre	jahresdurchschnittliche reale Zunahme des Bruttoinlandsprodukts in Prozent	jahresdurchschnittliche Erhöhung der Arbeitsproduktivität je Erwerbstätigenstunde in Prozent	jahresdurchschnittliche Beschäftigungswirkung (Wirkung auf das Arbeitsvolumen) in Prozent
1950-1960	+8,2	+6,2	+2,0
1975-1989	+2,07	+2,43	-0,36
1992-2008	+1,51	+1,70	-0,19

Quellen: Statistisches Bundesamt 2009: Deutsche Wirtschaft 2008; Bundesministerium für Arbeit und Sozialordnung 1992; Bundesministerium für Arbeit und Soziales 2008

Arbeitsmarkteffekt von (grob geschätzt) 3,5 Millionen Arbeitsplätzen. Das ist der wichtigste Grund dafür, dass innerhalb von zehn Jahren (1950 bis 1960) aus hoher Nachkriegsarbeitslosigkeit Vollbeschäftigung wurde.

Seit Mitte der 1970er Jahre hat sich in der BRD die Arbeitsmarktentwicklung umgekehrt: Aus Vollbeschäftigung entstand hohe Arbeitslosigkeit mit Arbeitslosenzahlen, die je nach konjunktureller Situation im ersten Jahrzehnt des neuen Jahrhunderts um vier Millionen (registrierte Arbeitslose) schwanken. Um diese langfristige Entwicklung zu beurteilen, muss man berücksichtigen, dass es mit der Wiedervereinigung einen Bruch in der deutschen Wirtschaftsentwicklung gab. Daher empfiehlt sich eine Aufteilung in zwei Zeitabschnitte. Tabelle 4 zeigt, dass zwischen 1975 und 2008 das jahresdurchschnittliche Wirtschaftswachstum geringer war als die jahresdurchschnittliche Zunahme der Arbeitsproduktivität. Daraus ergibt sich in den betrachteten 32 Jahren ein negativer Beschäftigungseffekt, den man überschlägig mit 8,6 % (15-mal 0,36 plus 17-mal 0,19) beziffern kann. Bei einer angenommenen Erwerbstätigenzahl von 30 Millionen wäre das (bei unveränderter Arbeitszeit) ein Arbeitsplatzverlust von 2,6 Millionen. Ob die wirtschaftlichen Bestimmungsgründe der Arbeitsmarktentwicklung in dieser Höhe tatsächlich zu steigender Arbeitslosigkeit führen, hängt von den anderen Faktoren ab (Bevölkerung, Arbeitszeit). Wenn das Wirtschaftswachstum zu gering ist, um den „Freisetzungseffekt“ erhöhter Arbeitsproduktivität auszugleichen, spricht man auch von „wachstumsdefizitärer“ Arbeitslosigkeit.

3.3 Theorien und Politikkonzeptionen zu lang anhaltender Arbeitslosigkeit

Im Hinblick auf die Ursachen gibt es verschiedene Arten von Arbeitslosigkeit. Von saisonaler Arbeitslosigkeit spricht man, wenn diese nur zu bestimmten Jahreszeiten auftritt (Biergärten, Landwirtschaft). Fluktuationsarbeitslosigkeit entsteht kurzfristig z.B.

bei einem Arbeitsplatzwechsel. Von struktureller Arbeitslosigkeit spricht man z.B., wenn Qualifikationen der Arbeitsuchenden nicht übereinstimmen mit den Arbeitsplatzanforderungen von offenen Stellen (Mismatch-Problem). Als strukturell bedingt wird auch Arbeitslosigkeit bezeichnet, die Folge von Strukturveränderungen der Wirtschaft ist, etwa wenn in modernen Volkswirtschaften der industrielle Sektor schrumpft oder wenn im Zuge der Globalisierung Arbeitsplätze verlagert werden in Billiglohnländer (zunehmende Arbeitslosigkeit Geringqualifizierter). Das Problem konjunktureller Arbeitslosigkeit wurde im vorangegangenen Kapitel besprochen. Bei den meisten dieser Arten von Arbeitslosigkeit handelt sich um kurz- oder mittelfristige Erscheinungen.

Die größte theoretische und politische Aufmerksamkeit verlangt die lang anhaltende allgemeine Arbeitslosigkeit, wie sie seit Mitte der 1970er Jahre besteht. Die Ursachenerklärung dieser Art von Arbeitslosigkeit ist am meisten umstritten. Hier wird seit vielen Jahrzehnten die theoretische Kontroverse zwischen Neoklassikern und Keynesianern ausgefochten mit ähnlichen Argumentationsmustern, wie sie auch beim Konjunkturproblem benutzt werden. Die Neoklassiker sehen die Hauptursache von Arbeitslosigkeit in einem zu hohen und unflexiblen Lohnniveau. Im Übrigen sehen beide Denkrichtungen ein zentrales Problem für den Arbeitsmarkt in zu geringem Wirtschaftswachstum (wachstumsdefizitäre Arbeitslosigkeit). Neoklassiker betonen unzureichende Rahmenbedingungen für das gesamtwirtschaftliche Angebotswachstum (Potenzialwachstum). Dagegen sehen die Keynesianer die wichtigste Ursache in einer unzureichenden gesamtwirtschaftlichen Nachfrage nach Gütern und Dienstleistungen. Diese kontroversen Sichtweisen werden im vorliegenden Abschnitt dargestellt.

3.3.1 Neoklassische Sicht des Arbeitsmarktes

In vielen wirtschaftspolitischen Argumentationszusammenhängen, die sich mit dem Arbeitsmarkt befassen, beschränkt man sich auf die theoretische Grundlage eines einfachen neoklassischen Arbeitsmarktmodells. Das ist eine mikroökonomische Betrachtung, weil man von den als typisch angesehenen Einzelentscheidungen der Anbieter von Arbeitskraft und der Nachfrager nach Arbeitskräften ausgeht. Der Arbeitsmarkt wird gesehen wie jeder Gütermarkt (vgl. Abschnitt 1.1). Angebot und Nachfrage werden dargestellt in Abhängigkeit vom Preis, beim Arbeitsmarkt also von der Lohnhöhe. Das lässt sich in einem Marktdiagramm demonstrieren (Abb. 7).

Die Kurve des Arbeitskräfteangebots zeigt: Je höher der Lohn (pro Stunde), umso mehr Arbeit wird angeboten. Für den Einzelnen heißt das: Je höher der Lohn, umso eher ist man bereit, auf Freizeit zu verzichten. Auf dem Gesamtarbeitsmarkt: Je höher der Lohn, umso mehr Arbeitskräfte bieten sich an. Die Kurve des Arbeitskräfteangebots, die von links unten nach rechts oben ansteigt, gibt diese Vermutungen wieder.

Die Kurve der Arbeitskräftenachfrage fällt von links oben nach rechts unten: Je höher die Löhne sind, desto weniger Arbeitskräfte werden von den Unternehmen nachgefragt. Dieser Kurvenverlauf und damit das Nachfrageverhalten der Unternehmen auf dem Arbeitsmarkt werden von Neoklassikern mit der Grenzproduktivi-

Abbildung 7: Angebot von und Nachfrage nach Arbeitskräften in Abhängigkeit von der Lohnhöhe

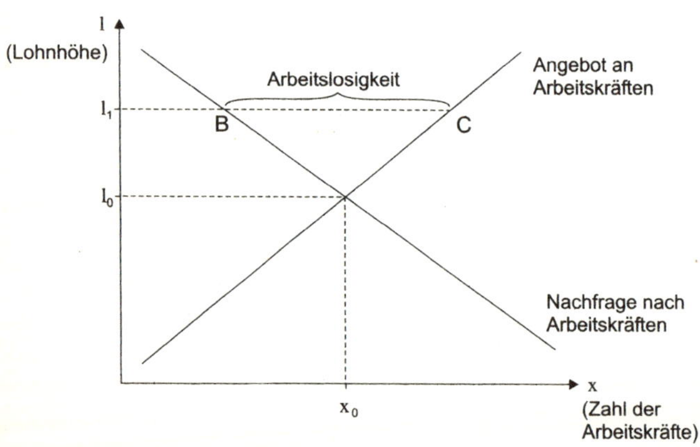

tätstheorie begründet. Als Grenzprodukt der Arbeit versteht man jenen Zuwachs an Produktion, den man durch eine zusätzliche Arbeitseinheit erzielen kann. Wenn in einem Unternehmen bei einer bestimmten Ausstattung mit Maschinen eine zusätzliche Arbeitskraft eingestellt wird, so kann man das, was dadurch zusätzlich produziert wird, als Grenzprodukt des Produktionsfaktors Arbeit bezeichnen. Das Unternehmen wird eine zusätzliche Arbeitskraft aber nur dann einstellen, wenn dieses Grenzprodukt der Arbeit wertmäßig mindestens so hoch ist wie die Lohnkosten der zusätzlichen Arbeitskraft. Die Arbeitskraft-Nachfragekurve im Diagramm (Abbildung 7) ist die Gesamtheit aller Punkte, bei denen die zuletzt nachgefragten (eingestellten) Arbeitskräfte gerade so viel Lohnkosten verursachen wie der Wert dessen, was diese Arbeitskräfte jeweils zur Produktion beitragen. Die Kurve gibt also an, wie viele Arbeitskräfte von den Unternehmen bei jeweiliger Lohnhöhe maximal nachgefragt werden, wenn sie keine Verluste machen wollen. Bei der Lohnhöhe l_0 würden die Unternehmen x_0 Arbeitskräfte nachfragen. Würden die Unternehmen mehr Arbeitskräfte als x_0 einstellen, so wären die Kosten dieser Arbeitskräfte – so die Argumentation im Rahmen der Grenzproduktivitätstheorie – höher als der Wert der zusätzlichen Produktion. Die Unternehmen würden Verluste machen.

Bei der Lohnhöhe l_0 herrscht in diesem Arbeitsmarktmodell Gleichgewicht. Bei l_0 sind Arbeitskräfteangebot und Arbeitskräftenachfrage gleich, das bedeutet Vollbeschäftigung. Alle Leute, die zum Lohn l_0 arbeiten wollen, erhalten einen Arbeitsplatz. Es gibt in diesem Fall – wenn überhaupt – nur freiwillige Arbeitslosigkeit.

Anders bei der Lohnhöhe l_1, bei der ein Ungleichgewicht auf dem Arbeitsmarkt herrscht. Bei l_1 ist das Angebot an Arbeitskräften größer als die Nachfrage. Der Abstand zwischen B und C zeigt den Umfang der Arbeitslosigkeit. Würde der Lohn allerdings auf l_0 abgesenkt, würde die Arbeitslosigkeit verschwinden, es würde das Vollbeschäftigungsgleichgewicht erreicht. Jedenfalls würde es keine unfreiwillige Arbeitslosigkeit geben. Die Entwicklung von einem Zustand der Arbeitslosigkeit hin zum Vollbeschäftigungsgleichgewicht ergibt sich für die Neoklassiker automatisch, wenn auf dem Arbeitsmarkt vollkommener Wettbewerb besteht. Das schließt die Flexibilität der Löhne ein. Die Konkurrenz um die bei der Lohnhöhe l_1 knappen Arbeitsplätze würde die Arbeitskräfte dazu veranlassen, sich auch für einen geringeren Lohn anzubieten, wenn sie arbeiten wollen. Die Neoklassiker gehen davon aus, dass der Marktmechanismus, wie er auf den wettbewerbsmäßig organisierten Gütermärkten existiert, auch auf dem Arbeitsmarkt funktioniert. Der Kronberger Kreis, eine Gruppe wirtschaftsliberaler Ökonomen, bringt die neoklassische Arbeitsmarkttheorie auf den Punkt: „In einer Marktwirtschaft zählt: Wer zu wenig verkauft, sollte seinen Preis für zu hoch halten, wer zu wenig zu arbeiten hat, seinen Lohn“ (Frankfurter Institut: Argumente zur Wirtschaftspolitik, Nr. 62, Juni 1995, S. 3). Ähnlich auch der langjährige ehemalige Vorsitzende des SVR Olaf Sievert: „Jahr für Jahr weist die Marktlage, sprich die Arbeitslosenstatistik, aus, dass deutsche Arbeit zu teuer ist. Wieso ist da jedes Jahr am Lohnniveau noch etwas zu erhöhen? Für einen Marktwirtschaftler ist da gar nichts zu erhöhen“ (Sievert 2003, S. 43).

Aus dem beschriebenen neoklassischen Arbeitsmarktmodell werden vor allem zwei Gründe für lang anhaltende allgemeine Arbeitslosigkeit abgeleitet: Der erste Grund ist bereits genannt: Die Löhne sind zu hoch. Man spricht von Hochlohn-Arbeitslosigkeit. Der zweite Grund betrifft den Preismechanismus auf dem Arbeitsmarkt. Durch Tarifverträge sei keine Flexibilität der Löhne gegeben. Die Löhne könnten dadurch nicht auf das Niveau abgesenkt werden, das für Vollbeschäftigung erforderlich sei. Man spricht in diesem Zusammenhang von Mindestlohn-Arbeitslosigkeit.

Eine zentrale (unausgesprochene) Annahme, die dem einfachen neoklassischen Arbeitsmarktmodell zugrunde liegt, ist die, dass man es mit einer Wirtschaft zu tun hat, die sich mit der Zeit nicht verändert. Eine wesentliche Veränderung im Zeitablauf, die in der modernen Wirtschaft stattfindet, ist der ständige technische Fortschritt. Kritiker der einfachen neoklassischen Arbeitsmarkttheorie weisen daher darauf hin, dass die Lohnkosten für die Unternehmen sich schon deshalb ständig verringern (auch bei unveränderten Stundenlöhnen), weil sich aufgrund des technischen Fortschritts laufend die Arbeitsproduktivität erhöht.

Diesen Gedanken bezieht der Sachverständigenrat (SVR) in seine Überlegungen zur Arbeitslosigkeit ein, indem er nicht unbedingt Lohnsenkungen fordert, sondern eine Umverteilung der Einkommen von den Löhnen zu den Gewinnen solange hohe Arbeitslosigkeit besteht. Damit argumentiert der SVR auf der Grundlage einer leichten Abwandlung des einfachen neoklassischen Arbeitsmarktmodells, indem die laufenden Erhöhungen der Arbeitsproduktivität berücksichtigt werden. Erhöht man die Löhne im Umfang der prozentualen Zunahme der Arbeitsproduktivität, so ist das für die Unternehmen kostenneutral und die gesamtwirtschaftliche Einkommensverteilung zwischen Löhnen und Gewinnen wird nicht verändert. Bleiben die Lohnerhöhungen unter dem prozentualen Produktivitätszuwachs, so findet eine Umverteilung statt. Die Gewinne steigen stärker als die Löhne. In diesem Sinne könnte man von einer relativen Lohnsenkung sprechen. Diese Argumentation benutzt der SVR wie oben erläutert (vgl. Kasten 2, S. 55) im Hinblick auf konjunkturelle Arbeitslosigkeit. Der SVR wendet dieses Denkmuster in gleicher Weise auf lang anhaltende Arbeitslosigkeit an. Kern der vom SVR verlangten „beschäftigungsorientierten Lohnpolitik" ist die Forderung: „Die Tariflohnerhöhungen müssen sich an der Entwicklung der (...) Arbeitsproduktivität orientieren; bei Unterbeschäftigung darf dieser Spielraum nicht voll ausgeschöpft werden" (SVR 1998, Ziffer 423).

Auch zu dem zweiten oben genannten Hauptgrund für Arbeitslosigkeit, den die Neoklassiker sehen, zum Mindestlohn, äußert sich der SVR regelmäßig in seinen Jahresgutachten. Er sieht die Flexibilität der Löhne erheblich eingeschränkt. Die sogenannten Flächentarifverträge (die in einem Bezirk für alle beteiligten Unternehmen einer Branche gelten) setzen gewissermaßen Mindestlöhne fest. Der SVR stellt dazu fest: „Eine größere Flexibilität im institutionellen Regelwerk für Arbeit ist nach der Konzeption des Sachverständigenrates (...) eine wesentliche Voraussetzung dafür, dass die hohe Arbeitslosigkeit in Deutschland nennenswert zurückgeführt werden kann. Im Vordergrund steht dabei, den Betrieben möglichst viel Spielraum zu geben und insgesamt die institutionellen Regelungen so flexibel zu gestalten, dass die Lohnfindung in die Nähe der Marktprozesse rückt" (SVR 1998, Ziffer 438). Man kann es einfacher sagen: Die Löhne sollen weniger durch Tarifverträge festgeschrieben werden, sondern vielmehr der freien Preisbildung (Lohnbildung) am Arbeitsmarkt überlassen werden. Solange Arbeitslosigkeit herrscht, also ein Überangebot an Arbeitskräften besteht, müssen die Löhne sinken können.

Die am neoklassischen Arbeitsmarktmodell orientierte Forderung, Löhne je nach Arbeitsmarktsituation flexibel zu gestalten, wird vom SVR nicht nur im Hinblick auf den Gesamtarbeitsmarkt erhoben, sondern vor allem mit Blick auf besondere Arbeitsmarktprobleme. So werden nach unten flexible Löhne vor allem für weniger qualifizierte Arbeitskräfte und im Falle regional besonders hoher Arbeitslosigkeit z.B. in den neuen Bundesländern gefordert.

3.3.2 Der Sachverständigenrat zur angebotsorientierten Arbeitsmarktpolitik

Im sogenannten angebotspolitischen Ansatz sind im Wesentlichen die Ideen und Forderungen zusammengefasst, die man heute oft mit dem Etikett Wirtschaftsliberalismus, Marktliberalismus oder Neoliberalismus kennzeichnet. Der Sachverständigenrat in seiner Mehrheit hat diesen Ansatz seit Mitte der 1970er Jahre zur Grundlage seiner arbeitsmarktpolitischen Analysen und Empfehlungen gemacht. Das angebotspolitische Denken des SVR ist Teil der von Milton Friedman so bezeichneten „Gegenrevolution", die sich gegen das keynesianische Denken richtet. Der Keynesianismus wird auch häufig als Nachfrageansatz bezeichnet, weil dort die Schlüsselrolle der gesamtwirtschaftlichen Nachfrage für die wirtschaftliche Entwicklung und für den Arbeitsmarkt betont wird.

Die in Abschnitt 3.3.1 erläuterte neoklassische Sicht des Arbeitsmarktes ist Teil des Angebotsansatzes. Dieser ist jedoch weiter gefasst. Es geht hier nicht nur um die Lohnkosten, sondern um alle Voraussetzungen für die (Netto-)Gewinnentwicklung der Unternehmen. Die Anbieter von Gütern und Dienstleistungen (die Unternehmen) sollen starke Gewinnanreize vorfinden, damit sie zu hohen Investitionen motiviert werden. Das würde zu einer Vergrößerung des Güter- und Dienstleistungsangebotes führen, was gleichbedeutend ist mit der Ausweitung der volkswirtschaftlichen Produktion (Wirtschaftswachstum) und das soll schließlich zu höherer Beschäftigung und verringerter Arbeitslosigkeit führen. Theoretische Basis des Angebotsansatzes ist die neoklassische Wirtschaftslehre, in der die Überzeugung vertreten wird, dass die Marktwirtschaft sich durch den Marktmechanismus selbsttätig, also ohne staatliche Steuerung, reguliert. Insbesondere meint man, dass die Marktkräfte bei freiem Wettbewerb zu einem Vollbeschäftigungsgleichgewicht führen.

Kern des Angebotsansatzes ist also die Überzeugung, dass die Ausweitung des gesamtwirtschaftlichen Angebotes an Gütern und Dienstleistung zumindest eine höhere Beschäftigung (wenn nicht sogar Vollbeschäftigung) bewirkt. Dieses Ergebnis ist natürlich nur möglich, wenn dem gestiegenen gesamtwirtschaftlichen Angebot auch eine entsprechende Nachfrage gegenübersteht. Die Begründung dafür, dass das Angebot auch seine Nachfrage findet, geben die Neoklassiker mit dem bereits oben erläuterten Say'schen Theorem: Zusätzliche Investitionen und die Ausweitung der gesamtwirtschaftlichen Produktion bedeuten eine Vergrößerung des Warenangebots. Dabei entstehen gleichzeitig zusätzliche Einkommen, die für die Nachfrage nach dem gestiegenen Warenangebot verwendet werden. Das Angebot schafft sich so die entsprechende Nachfrage. Das Say'sche Theorem in den Worten des Sachverständigenrats: „Auch angebotsorientierte Wirtschaftspolitik muss die grundlegenden Kreislaufzusammenhänge beachten. Aber: Die Führungsrolle wird im Handeln auf der Angebotsseite gesehen, das sich an erwarteter Nachfrage orientiert, eine Erwartung, die sich erfüllt, weil mit der Initiative von Anbietern zugleich Einkommen und Kaufkraft entstehen" (SVR 1997, Ziffer 9).

Welche Maßnahmen werden im Rahmen des Angebotsansatzes gefordert? Dazu der Sachverständigenrat: „Eine angebotsorientierte Wirtschaftspolitik in Deutschland, wie wir sie heute für angemessen halten, muss angesichts der Beschäftigungskrise und der Wachstumsschwäche vor allem die folgenden Aspekte berücksichtigen:

- Die Finanzpolitik muss über ein verlässliches Programm der Haushaltskonsolidierung die Perspektiven für eine nachhaltige Senkung der Steuerlast glaubwürdig eröffnen. Sie bedarf des Flankenschutzes der Sozialpolitik, die über grundlegende Strukturreformen in der Sozialversicherung Spielraum für eine substantielle Verringerung der Abgabenlast geben muss.
- Die Lohnpolitik muss die Bereitschaft signalisieren, den zuletzt eingeschlagenen moderaten Weg über mehrere Jahre weitergehen zu wollen. Der Gesetzgeber sollte ihr dies durch Reformen der Arbeitsmarktordnung erleichtern (...)“ (SVR 1997, Ziffer 12).

Bei der Finanzpolitik geht es um die Gestaltung der öffentlichen Haushalte; das sind die Einnahmen und Ausgaben des Staates. Unter Haushaltskonsolidierung versteht der SVR einen Abbau der staatlichen Schulden aus vergangenen Jahren und eine möglichst geringe Neuverschuldung der öffentlichen Hand. Die staatlichen Ausgaben sollen möglichst nur aus „ordentlichen“ Einnahmen (Steuern, Gebühren, Beiträge) finanziert werden, d.h., es sollen möglichst keine Kredite aufgenommen werden. Des Weiteren fordert der SVR die Senkung der Steuerlast, z.B. indem die Steuersätze bei der Einkommen- und Körperschaftsteuer (das ist die Einkommensteuer der großen Unternehmen: Aktiengesellschaften, GmbHs) verringert werden.

Die Sozialpolitik betrachtet der SVR vor allem im Hinblick auf die Belastung der Unternehmen mit Sozialabgaben. Die Arbeitgeberbeiträge zu den Sozialversicherungen empfiehlt der SVR zu senken, da sie als so genannte Lohnnebenkosten die Gewinne der Unternehmen mindern. Die „Strukturreformen“ der Sozialpolitik, die der SVR fordert, laufen auf Absenkungen der

Sozialversicherungsleistungen hinaus, um so eine Verringerung der Sozialversicherungsbeiträge zu ermöglichen. Als Beispiel sei die vom SVR empfohlene Reform des Rentensystems genannt. Das neue Altersversorgungssystem soll aus zwei Elementen bestehen:

- Eine aus Beiträgen finanzierte Grundabsicherung, die im Durchschnitt knapp über dem Sozialhilfeniveau liegen soll. Arbeitgeberbeiträge wie im bisherigen System sollen entfallen.
- Im Übrigen private Vorsorge durch individuelles Sparen. Auch dabei würden keine Arbeitgeberbeiträge anfallen. Mit der Rentenreform 2002 und der Einführung der sogenannten Riester-Rente hat sich die Regierung Schröder zumindest in der Tendenz an diesen Empfehlungen orientiert: langfristig relative Einschränkung der Sozialversicherungsrente, damit Begrenzung der Rentenbeiträge, Ergänzung der Altersversorgung durch private Vorsorge mit staatlicher Förderung und ohne Beiträge der Arbeitgeber.

Die Lohnpolitik, die der SVR im Rahmen seines Angebotskonzepts fordert, wurde oben bereits beschrieben. „Moderate" Lohnpolitik bedeutet, den Spielraum für verteilungsneutrale Lohnerhöhungen nicht ausnutzen, also eine gesamtwirtschaftliche Umverteilung von den Löhnen zu den Gewinnen zu bewirken. Eine Reform der Arbeitsmarktordnung, wie sie der SVR empfiehlt, soll allgemeine arbeits- und tarifrechtliche Regelungen möglichst weitgehend ersetzen durch „Individualverträge und betriebliche Vereinbarungen" (SVR 1997, Ziffer 315). Diese Forderung ist ein Beispiel für „Deregulierung", wie sie vom SVR angemahnt wird, um mehr Entfaltungsspielraum für unternehmerische Initiativen zu schaffen.

Eine weitere Forderung des SVR im Rahmen seines Angebotskonzepts ist auf die Privatisierung öffentlicher Aufgaben gerichtet: „Der Sachverständigenrat tritt dafür ein, dass der Staat sich von eigener Wirtschaftstätigkeit entlastet (...). Weitere Privatisierung könnte ein wichtiger Beitrag sein, um die Effizienz in der Volkswirtschaft zu erhöhen und Wachstumskräfte freizusetzen" (SVR 1993, Ziffer 406). Als Beispiele werden Aktivitäten von Bund, Ländern und Gemeinden aufgeführt: Banken, Sparkassen, Versicherungen, Unternehmen der Energiewirtschaft, kommunale Versorgungs- und Entsorgungsunternehmen, Hörfunk, Fernsehen, öffentlicher Personennahverkehr. Bei der Privatisierung solcher Tätigkeitsbereiche verspricht man sich größere wirtschaftliche Effizienz als unter staatlicher Regie, insbesondere auch, weil damit mehr Wettbewerb geschaffen wird. Ein weiterer Vorteil der Privatisierung wird in der dadurch möglichen Senkung der so genannten Staatsquote gesehen, das bedeutet, der Anteil staatlicher Ausgaben am Bruttoinlandsprodukt kann verringert werden und damit auch die öffentliche Abgabenlast der Bürger.

3.3.3 Sind die Löhne zu hoch für die Überwindung von Arbeitslosigkeit?

Solange Arbeitslosigkeit hoch ist, müssen Löhne gesenkt werden, zumindest sollen Lohnerhöhungen den verteilungsneutralen Spielraum nicht ausschöpfen, so die neoklassisch begründeten Forderungen zum Beispiel des Sachverständigenrats. Wird gesamtwirtschaftlich der verteilungsneutrale Spielraum für Lohnerhöhungen, der sich aus der Summe von prozentualer Erhöhung der Arbeitsproduktivität und der Inflationsrate (allgemeine Preissteigerungen) ergibt, nicht ausgeschöpft, steigen die Gewinne stärker als die Löhne und es findet gesamtwirtschaftlich eine Umverteilung der Einkommen von den Löhnen zu den Gewinnen statt (vgl. Kasten 2). Diese Entwicklung kann man zwischen 1980 und 2008 in Deutschland beobachten, man kann sie ablesen an der Veränderung der Lohnquote, die ein Maß für die gesamtwirtschaftliche Einkommensverteilung ist. Die Lohnquote beziffert den prozentualen Anteil aller Arbeitnehmereinkommen am Volkseinkommen (Arbeitnehmereinkommen plus Gewinne und Vermögenseinkommen). Die Arbeitnehmereinkommen (kurz: Löhne) sind hier die Bruttolöhne und die Arbeitgeberbeiträge zu den Sozialversicherungen. Wenn bei Lohnerhöhungen der verteilungsneutrale Spielraum ausgeschöpft wird, bleibt die Lohnquote konstant. Wie Tabelle 5 zeigt, hat sich im langfristigen Trend zwischen 1980 und 2008 die Lohnquote verringert.

Der Rückgang der Lohnquote ist ein Indiz dafür, dass sich die Lohnkostenbelastung der Unternehmen in Deutschland zwischen 1980 und 2008 verringert haben. Das lässt sich auch ablesen an der Entwicklung der Lohnstückkosten. Unter Lohnstückkosten versteht man die Lohnkosten einer Produkteinheit. Veränderungen werden mithilfe einer Indexzahlenreihe dargestellt. In Tabelle 5 werden die gesamtwirtschaftlichen Lohnstückkosten von 1960 gleich 100 gesetzt. Die Zahlenreihe lässt dann die prozentualen Abweichungen von diesem Basiswert erkennen. Solche Indexzahlen sagen nichts aus über die absoluten (tatsächlichen) Lohnkosten in Deutschland, sondern nur darüber, wie sich die Lohnstückkosten verändert haben, und solche Zeitreihen kann man für internationale Vergleiche nutzen. Bei den realen Lohnstückkosten wird zusätzlich noch die Preisentwicklung berücksichtigt. Für die Unternehmen stehen jährlichen Lohnerhöhungen zu jeweiligen Euro-Werten (nominelle Lohnerhöhungen) meist zusätzliche Einnahmen aus Preissteigerungen gegenüber. Durch Preiserhöhungen wird die relative Lohnkostenbelastung pro Produkteinheit gemindert. In der Zahlenreihe der realen Lohnstückkosten sind

Tabelle 5: Lohnquote und Lohnstückkosten in Deutschland[1]

Jahre	Lohnquote in %[2]	Lohnstückkosten (real)[3]
1970	66	104
1980	73	108
1985	70	103
1990	68	100
1991	71	101
1995	72	100
2000	72	100
2005	67	96
2008	65	94

[1] Bis 1990 Westdeutschland
[2] Arbeitnehmereinkommen in Prozent des Volkseinkommens [3] 1960 = 100

Quelle: Bundesministerium für Arbeit und Soziales (Hrsg.): 2009

allgemeine Preiserhöhungen (Inflation) aus der Lohnentwicklung herausgerechnet. Sie spiegeln die Veränderungen bei den realen Lohnkostenbelastungen für die Unternehmen wider. Wie Tabelle 5 zeigt, sind die realen Lohnstückkosten seit den 1980er Jahren zurückgegangen, besonders stark nach dem Jahr 2000.

Im Jahr 2008 betrug die Zahl der registrierten Arbeitslosen in Westdeutschland 2,2 Millionen. Das war eine aufgrund der noch guten Konjunktur günstige Zahl. Sie entspricht ungefähr der Arbeitslosenzahl Anfang der 1980er Jahre, die damals allerdings gerade erst rezessionsbedingt von 1 Million auf gut 2 Millionen angestiegen war (vgl. Abbildung 4). In der langfristigen Betrachtung lässt sich nicht erkennen, dass eine Umverteilung der Einkommen von den Löhnen zu den Gewinnen dadurch, dass der verteilungsneutrale Spielraum für Lohnerhöhungen nicht ausgeschöpft wird, zu einer günstigeren Entwicklung des Arbeitsmarktes führt, wie es der Sachverständigenrat meint. Im Übrigen fragen sich Kritiker der neoklassischen Sicht des Arbeitsmarktes, warum etwa gleiche Lohnquoten (als Indizien für etwa gleiche Lohnkostenbelastungen der Unternehmen) im Jahre 1970 Vollbeschäftigung erlauben, im Jahre 2008 jedoch mit jahresdurchschnittlich 3,3 Millionen registrierten Arbeitslosen verbunden sind. Auch internatonale Vergleiche ergeben keine Erkenntnisse dazu, dass eine zurückhaltende Lohnentwicklung positiv auf den Arbeitsmarkt wirkt. Ein Vergleich für die Jahre 1996 bis 2006 zeigt, dass sich in Ländern, in denen es höhere Lohnzuwächse gab (USA, Großbritannien) eher günstige Entwicklungen am Arbeitsmarkt zeigten, während sich in Ländern mit geringen Lohnzuwächsen (Deutschland, Japan) die Arbeitskräftenachfrage eher schwach entwickelte (Flassbeck/Spieker 2007, S. 48 ff.; Bofinger in: Sachverständigenrat 2008, Ziffer 604).

3.3.4 Wissenschaftstheoretische Einwände

Der Angebotsansatz ist das Kernstück der neoklassisch-marktliberalen Denkmuster, die vor allem vom Sachverständigenrat immer wieder zur Grundlage arbeitsmarktpolitischer Empfehlungen gemacht wurden. Diese Denkweise ist für die Regierung Kohl seit Beginn der 1980er Jahre, ebenso für die Regierung Schröder (Agenda 2010) ab 2003, in der großen Koalition ab 2005 und auch für die CDU/CSU-FDP-Regierung ab 2009 zur Orientierung für die Wirtschaftspolitik geworden. Ein Ergebnis dieses Denkens war die oben beschriebene Umverteilung der Einkommen von den Löhnen zu den Gewinnen.

Häufig werden arbeitsmarktpolitische Empfehlungen unmittelbar aus dem einfachen neoklassischen Arbeitsmarktmodell abgeleitet, nach dem Arbeitslosigkeit eine Folge zu hoher Löhne ist (vgl. Abschnitt 3.3.1). Aus methodologischer (wissenschaftstheoretischer) Sicht wird kritisiert, dass dieses Modell von sehr speziellen Annahmen ausgeht. Man muss beachten, dass eine modelltheoretische Analyse nur dann zutreffend über die Realität informieren kann, wenn die Annahmen, die darin gemacht werden, in der Realität zutreffen. Die zentrale Annahme im einfachen neoklassischen Arbeitsmarktmodell ist die, dass die Nachfrage nach Arbeitskräften letztendlich allein von der Lohnhöhe abhängt. Wenn in der Realität aber weitere Einflussfaktoren für die Nachfrage der Unternehmen nach Arbeitskräften existieren, dann ist schon der logische Ausgangspunkt der Theorie („Allein die Lohnhöhe bestimmt die Arbeitskraftnachfrage") unzutreffend. Dann muss auch der Wahrheitsgehalt der ganzen Theorie infrage gestellt werden. Mithilfe eines modellhaft vereinfachten Abbildes der Realität eben diese komplexe Realität erklären zu wollen, ist immer nur mit Hinweis auf die speziellen Annahmen, unter denen die Modelltheorie gilt, gerechtfertigt („Unter der Voraussetzung, dass die Arbeitskräftenachfrage allein von der Lohnhöhe abhängt ..."). Mit einer solchen modellhaft vereinfachten Theorie des Arbeitsmarktes kann schon aus methodologischen Gründen nicht der Anspruch erhoben werden, den Arbeitsmarkt insgesamt zu erklären. Und es entsteht ein weiteres methodisches Problem dann, wenn aus solchen nicht gesicherten theoretischen Erkenntnissen Schlüsse gezogen werden im Sinne von konkreten Handlungsanweisungen für die Realität, z.B. Empfehlungen für die Lohnpolitik.

In Abschnitt 3.3.3 wurde gezeigt, dass es in Deutschland eine Entlastung der Unternehmen von Lohnkosten gegeben hat, ohne dass damit langfristig eine Verringerung der Arbeitslosigkeit bewirkt worden wäre. Wie reagieren die Neoklassiker und vor allem der Sachverständigenrat auf diese Hinweise? Ihre Antwort ist: Von einer „beschäftigungsfreundlichen Lohnentwicklung" könne man nur sprechen, wenn der verteilungsneutrale Spielraum nicht ausgenutzt wird (SVR 2007, Ziffer 552). Oder anders formuliert: „In einer Volkswirtschaft mit hoher Arbeitslosigkeit" müsse eine weitere Umverteilung von den Löhnen zu den Gewinnen stattfinden (SVR 2001, Ziffer 399). Die Frage, wie weit umverteilt werden muss, damit sich ein Vollbeschäftigungsgleichgewicht einstellt, wird nicht beantwortet.

Auch gegen diese Art der Argumentation gibt es wissenschaftstheoretische Einwände. In der modernen Wissenschaftstheorie wird für Theorien, mit denen man die Realität erklären und Prognosen abgeben will, gefordert, dass sie empirisch (durch die Erfahrung) überprüfbar sind. Theoretische Aussagen müssen so formuliert sein, dass sie sich bei einem Vergleich mit der Realität als zutreffend erweisen, aber auch als falsch herausstellen können. Aussagen, die von vornherein so formuliert sind, dass sie niemals falsch sein können, sind somit auch nicht empirisch überprüfbar und haben damit keinen erfahrungswissenschaftlichen Informationsgehalt. Die Argumentation des Sachverständigenrats heißt: „Solange die Arbeitslosigkeit hoch ist", müsse eine Umverteilung von den Löhnen zu den Gewinnen stattfinden, damit Arbeitslosigkeit überwunden werden kann. Wie weit auch immer bisher schon umverteilt worden ist, bei weiter anhaltender Arbeitslosigkeit kann immer wieder zusätzliche Umverteilung gefordert werden mit der Begründung, die bisherige Umverteilung reiche eben nicht aus, um ein Vollbeschäftigungsgleichgewicht herzustellen. Diese Theorie kann sich niemals als falsch erweisen, sie ist „immun" gegen eine Überprüfung an der Realität.

3.3.5 Keynesianische Kritik des Angebotsansatzes

Inhaltliche Kritik am neoklassischen Arbeitsmarktmodell knüpft vor allem an der Vermutung an, es gebe auch andere Einflussfaktoren für die Arbeitskräftenachfrage der Unternehmen als nur die Lohnhöhe. Der neoklassische Angebotsansatz berücksichtigt zwar – anders als das einfache neoklassische Arbeitsmarktmodell – weitere Faktoren neben dem Lohn (vgl. Abschnitt 3.32), aber auch bei diesem Konzept hat letztlich die Belastung der Unternehmen mit Lohnkosten zentrale Bedeutung für die Arbeitskräftenachfrage. Schon für das einzelne Unternehmen hängt jedoch die Bereitschaft, Arbeitskräfte zu beschäftigen, auch von seinem Absatz ab. Dieser wird wesentlich beeinflusst durch gesamtwirtschaftliche Entwicklungen, insbesondere durch die gesamtwirtschaftliche Nachfrage nach Gütern und Dienstleistungen und diese wiederum durch die gesamtwirtschaftliche Lohnentwicklung. Bei dieser Kritik kommt vor allem die keynesianische Sichtweise zum Tragen: Viele wirtschaftliche Vorgänge dürften nicht allein aus der Perspektive einzelwirtschaftlicher Entscheidungen betrachtet werden, sondern sie müssten auch in ihrer Bedeutung im gesamtwirtschaftlichen Kreislauf gesehen werden. Löhne seien nicht nur Kosten für die Unternehmen, die deren Nachfrage nach Arbeitskräften beeinflussen, sondern Löhne sind im wirtschaftlichen Kreislaufzusammenhang auch Kaufkraft und dann Nachfrage und schließlich Absatz von Gütern für die Unternehmen.

Hier wird der Gegensatz von mikroökonomisch-neoklassischem Denken und dem makroökonomischen Kreislaufansatz (Keynesianismus) deutlich. Die Neoklassiker/Neoliberalen sehen in Lohnsenkungen und/oder in der Umverteilung von den Löhnen zu den Gewinnen die wichtigste Voraussetzung für die Überwindung der Arbeitslosigkeit. Die Keynesianer kritisieren, dass von einzelwirtschaftlich plausiblen Entscheidungen (z.B.: Bei niedrigen Löhnen werden mehr Arbeitskräfte nachgefragt) auf gesamtwirtschaftliche Ergebnisse geschlossen wird: gesamtwirtschaftliche Zunahme der Beschäftigung. Die Keynesianer dagegen befürchten bei Lohnsenkungen das Entstehen einer Nachfragelücke und als Folge davon die Gefahr einer konjunkturellen Abwärtsspirale (vgl. Abschnitt 2.3) und Hemmungen für das gesamtwirtschaftliche Wachstum. Sie sprechen hier von einer „Rationalitätsfalle“: Was einzelwirtschaftlich rational ist, kann gesamtwirtschaftlich irrational sein.

In der mikroökonomisch-neoklassischen Betrachtung könnte durch eine Senkung der Löhne eine vergrößerte Nachfrage nach Arbeitskräften bewirkt werden. Die zusätzlich eingestellten Arbeitskräfte erzeugen dann ein höheres Angebot an Gütern und Dienstleistungen. Dafür muss in der Gesamtwirtschaft auch eine höhere Nachfrage vorhanden sein, die nach Ansicht der Neoklassiker nach dem bereits oben angesprochenen Say'schen Theorem (Abschnitte 2.2 und 2.3) automatisch zustande kommt, da sich in der Marktwirtschaft jedes Güterangebot eine entsprechende Nachfrage schaffe. Jeder, der auf den Gütermärkten etwas anbietet, tue dies mit der Absicht, seinerseits Güter zu kaufen. Kritiker wie Keynes oder im 19. Jahrhundert bereits Marx haben darauf hingewiesen, dass in einer modernen Geldwirtschaft Geld nicht nur als Tauschmittel benutzt wird. Aus Verkäufen eingenommenes Geld kann ebenso auch beiseitegelegt (gespart) werden und so aus dem Kreislauf von Einnehmen und Ausgeben zunächst herausfallen. Die einfache neoklassische Arbeitsmarkttheorie kommt ohne die meist stillschweigende Voraussetzung, dass das Say'sche Theorem gilt, nicht aus. Das Gleiche gilt auch für den Angebotsansatz.

Ein Grund dafür, dass durch höhere Unternehmensgewinne keine zusätzlichen Arbeitsplätze entstehen, kann in der Art der jeweiligen Gewinnverwendung zu suchen sein. Neue Arbeitsplätze entstehen letztendlich nur, wenn die Gewinne für Erweiterungsinvestitionen verwendet werden. Bei Rationalisierungsinvestitionen gehen dagegen Arbeitsplätze verloren. Bei Investitionen im Ausland sind positive Arbeitsmarkteffekte im Inland unsicher oder gar zweifelhaft, ebenso, wenn die zusätzlichen Gewinne zum Aufkauf anderer Unternehmen oder für Finanzmarktanlagen benutzt werden.

Die Keynesianer sehen ein besonderes Problem darin, dass die Konsumquote bei hohen Einkommen geringer ist als bei niedrigen Einkommen. Das heißt, die Bezieher niedriger Einkommen geben einen größeren Teil ihrer Einkommen für Konsumzwecke aus. Das bedeutet, die Einkommen fließen zu einem sehr großen Teil als Konsumnachfrage zurück in den Wirtschaftskreislauf. Ein nur geringer Teil der Einkommen wird gespart. Anders bei hohen Einkommen: Ein großer Teil wird gespart und nicht konsumiert. Ob die Ersparnisse dann auch zu entsprechender Investitionsgüternachfrage werden, gilt für Keynesianer als unsicher. Jedenfalls versprechen sie sich von der Anhebung niedriger Einkommen (durch Umverteilung zugunsten der Löhne oder durch Steuersenkungen für niedrige Einkommen) einen größeren gesamtwirtschaftlichen Nachfrageimpuls als durch die Begünstigung hoher Einkommen, wie es die Angebotstheoretiker fordern.

Da sich längerfristig nicht nachweisen lässt, dass von Lohnsenkungen positive Effekte auf den Arbeitsmarkt ausgehen, wird von den Keynesianern gefordert, dass die Löhne zumindest im gleichen Verhältnis (Prozentsatz) wachsen wie das erwünschte Sozialprodukt, damit nicht von einer gedrosselten Konsumnachfrage der Arbeitnehmerhaushalte ein Hemmnis für das Wirtschaftswachstum und die Arbeitskräftenachfrage entsteht. Auch aus diesem Grund wird von den Keynesianern eine Umverteilung der Einkommen zulasten der Löhne (Angebotsansatz) abgelehnt. Dies soll verdeutlicht werden anhand der Verwendungsrechnung des Sozialprodukts. Dem Bruttoinlandsprodukt (BIP = Y = 100 %) kann man die verschiedenen gesamtwirtschaftlichen Nachfragekomponenten gegenüberstellen: Konsumnachfrage der privaten Haushalte (C_{pr} = 56 %), Investitionsgüternachfrage (I = 19 %), Staatskonsum (C_{st} = 18 %), Nettoauslandsnachfrage (Exporte - Importe = 6 %). Die Prozentzahlen geben die Anteile am BIP im Jahr 2008 (Statistisches Bundesamt 2009b) an. Wenn sich nun die Gewichte zwischen diesen Nachfrageblöcken verschieben, so muss davon zunächst kein gesamtwirtschaftlicher Nachfragerückgang ausgehen. Wenn z.B. die Lohnquote sinkt und dadurch der Anteil der privaten Konsumnachfrage am BIP ebenfalls abnimmt, so könnte dies z.B. durch ein Anwachsen der privaten Investitionsgüternachfrage und einen hohen Exportüberschuss ausgeglichen werden wie in den Jahren 2005 bis 2007. Das Wachstum der Wirtschaft könnte so zunächst umgehemmt fortgeführt werden. Man muss aber bedenken, dass die Investitionen der Unternehmen, soweit es sich um Erweiterungsinvestitionen handelt, nur rentabel sein können, wenn sie durch wachsende Nachfrage ausgelastet werden. Wenn aber die Löhne nicht im gleichen Maße wachsen wie die Gesamtwirtschaft, so wirkt sich das auf die gesamtwirtschaftliche private Konsumgüternachfrage negativ aus, zumal etwa 90 % der Erwerbstätigen Arbeitnehmer, also Lohnempfänger sind und der Anteil der Konsumnachfrage am BIP etwa 56 % ausmacht. Wenn der größte Nachfrageblock in der Volkswirtschaft geringer wächst als die Gesamtwirtschaft, so hemmt das das Wirtschaftswachstum von der Nachfrageseite. Außerdem können sich überproportional wachsende Investitionen der Unternehmen als Misserfolg (Überkapazitäten) erweisen und zu konjunkturellen Krisen führen.

Angebotspolitik ist für den Sachverständigenrat auch wegen des globalen Standortwettbewerbs der Volkswirtschaften notwendig (SVR 1997, Ziffer 310). Keynesianer kritisieren diesen angeblichen Sachzwang. Sie sehen die Gefahr eines internationalen Wettlaufs im Absenken von Löhnen und sozialen Leistungen mit der möglichen Folge allgemeiner Deflation (vgl. Hass 2007, S. 69 ff.). Außerdem bedeuten Exportüberschüsse eines Landes (aufgrund besserer Angebotsbedingungen) immer, dass im Inland mehr Arbeitsplätze zu Lasten der Handelspartner entstehen. Im Übrigen sind hohe Exportüberschüsse notwendigerweise mit einer Verschuldung des Auslands verbunden und bedeuten weltwirtschaftliche Ungleichgewichte (Hass 2007, S. 29).

Eine Gegenposition zum Sachverständigenrat nimmt in der wirtschaftspolitischen Diskussion in Deutschland die Arbeitsgruppe Alternative Wirtschaftspolitik ein, die in ihren jährlich erscheinenden Memoranden vom keynesianisch-nachfragetheoretischen Standpunkt aus argumentiert. Sie fordert eine Begünstigung niedriger Einkommen unter anderem deswegen, weil davon (wegen der höheren Konsumquote Geringverdienender) mehr Konsumnachfrage ausgeht. Sie schlägt Beschäftigungsprogramme vor (vor allem Memoranden 2001, 2003, 2006), in denen insbesondere mehr öffentliche Investitionen gefordert werden: Maßnahmen zum ökologischen Umbau der Wirtschaft, öffentliche, vor allem kommunale Infrastruktur, Bildungswesen). Außerdem soll ein öffentlicher Beschäftigungssektor gefördert werden: gemeinwohlorientierte Arbeiten, die von gewinnorientierten Trägern nicht ausgeführt werden.

Grundsätzlich wollen die Autoren die vorgeschlagenen Programme durch zusätzliche Steuereinnahmen finanzieren, die im Wesentlichen die Bezieher hoher Einkommen belasten sollen. Eine Vorfinanzierung durch Neuverschuldung wird nicht als problematisch angesehen, da eine expansive staatliche Haushaltspolitik zu einem höheren Wachstumspfad der Wirtschaft führen würde. Damit entstünden allgemein höhere Steuereinnahmen, die eine weitere Neuverschuldung entbehrlich machen würden. Im Übrigen haben Ausgaben zur erfolgreichen Verringerung der Arbeitslosigkeit einen Selbstfinanzierungseffekt, weil die hohen Kosten der Arbeitslosigkeit reduziert werden können.

Schließlich weisen Keynesianer – so auch die Memorandum-Gruppe – darauf hin, dass allein durch höheres Wirtschaftswachstum die Arbeitsmarktprobleme nicht gelöst werden können. Abgesehen von der umweltpolitischen Wünschbarkeit seien in hoch entwickelten Volkswirtschaften wie in Deutschland langfristig keine hohen wirtschaftlichen Wachstumsraten zu erwarten (Reuter 2007, Zinn 2008). Schon seit Mitte der 1970er Jahre war das Wirtschaftswachstum nicht hoch genug, um den Freisetzungseffekt, der von der steigenden Arbeitsproduktivität ausgeht, auszugleichen. Daher könne letztlich die Arbeitsmarktsituation nur verbessert werden durch allgemeine Arbeitszeitverkürzungen, d.h. durch die Verteilung der vorhandenen Arbeit auf mehr Personen. Die Memorandum-Gruppe fordert Arbeitszeitverkürzungen mit Lohnausgleich (Memorandum 2008). Das bedeutet z.B., nach einer Verkürzung der Wochenarbeitszeit soll der Wochenlohn nicht niedriger sein als vor der Arbeitszeitverkürzung. Das ist möglich, indem vereinbarte tarifliche Stundenlohnerhöhungen dazu benutzt werden, den Verlust an Wochenlohn, der durch die Wochenarbeitszeitverkürzung entsteht, auszugleichen. Ein zentrales Argument gegen allgemeine Arbeitszeitverkürzung ist der Hinweis auf Diskrepanzen in der qualitativen Struktur von Arbeitskräfteangebot und Arbeitskräftenachfrage. Dieses Problem kann nur langfristig durch verbesserte Bildungs- und vor allem auch Weiterbildungsmöglichkeiten verringert werden.

3.4 Arbeitmarktreformen – weniger Arbeitslosigkeit durch Hartz?

In seinem Jahresgutachten 2002 hat der Sachverständigenrat ein 20-Punkte-Programm für „Wachstum und Beschäftigung" formuliert. Kurz davor hatte die von der Bundesregierung eingesetzte Hartz-Kommission Vorschläge zur Reformierung des Arbeitsmarktes vorgelegt, die dann die Regierung Schröder im Jahre 2003 zu einem wesentlichen Teil ihrer sogenannten Agenda 2010 machte. Die Vorschläge und Absichtserklärungen zur Verringerung der Arbeitslosigkeit (der Vorsitzende der Hartz-Kommission Peter Hartz: halbieren der Arbeitslosenzahlen innerhalb von vier Jahren) zielen darauf, die Nachfrage nach Arbeitskräften (das Angebot an Arbeitsplätzen) zu erhöhen und mehr offene Stellen durch Arbeitslose zu besetzen.

Die Regierung Schröder hat ihre Arbeitsmarktpolitik an den genannten Vorschlägen und Programmen orientiert. Kern der Reformen waren die vier „Gesetze für moderne Dienstleistungen am Arbeitsmarkt" (sogenannte Hartz-Gesetze). Diese sind zwischen 2003 und 2005 in Kraft getreten. Sie sollten eine organisatorische Verbesserung der Arbeitsvermittlung erreichen und enthielten Änderungen sozialstaatlicher Regelungen mit der Zielvorstellung eines „aktivierenden Sozialstaats". Man sprach von „Fördern und Fordern" und verlangte mit den neuen Bestimmungen größere Verantwortung der Arbeitslosen bei der Überwindung von Arbeitslosigkeit.

In den Gesetzen Hartz I und Hartz II wurden Regelungen getroffen zur Erleichterung von Leiharbeit, zur Weiterbildung, zur Förderung von Minijobs und von sogenannten Ich-AGs (Arbeitslose sollten selbstständige Kleinunternehmer werden). Das Hartz III-Gesetz betrifft den Umbau der Bundesanstalt für Arbeit zur Bundesagentur für Arbeit mit dem Ziel, ein modernes kundenorientiertes Dienstleistungsunternehmen zu schaffen.

Kernstück der Arbeitsmarktreformen im Rahmen der Hartz-Gesetze ist das Hartz-IV-Gesetz. Dort werden die Unterstützungsleistungen für Arbeitslose neu geregelt. Das frühere Arbeitslosengeld heißt nun Arbeitslosengeld I (Alg I). Das sind Leistungen für Arbeitslose, die Ansprüche aus der Arbeitslosenversicherung durch Beitragszahlungen erworben haben. Der Anspruch besteht nur unter bestimmten Bedingungen (z.B. Erfüllung der Anwartschaftszeit) und ist unabhängig von der Bedürftigkeit. Die Höhe der Leistungen richtet sich nach der früheren Einkommenshöhe, und damit auch nach der Höhe von Beitragsleistungen. Anspruch auf Alg I besteht im Normalfall bis zu zwölf Monate (früher länger, im Fall älterer Arbeitsloser bis zu 24 Monate).

Die wichtigste Neuregelung im Rahmen der Hartz-IV-Gesetze ist die Zusammenlegung der bisherigen Arbeitslosenhilfe und der Sozialhilfe für erwerbsfähige Arbeitslose zum Arbeitslosengeld II (Alg II), auch Grundsicherung für Arbeitsuchende genannt. Arbeitslose, die keinen Anspruch auf Alg I haben, können Alg II erhalten. Bedingung ist, dass sie bestimmte Kriterien der Bedürftigkeit erfüllen im Hinblick auf Vermögen und andere Einkünfte. Außerdem werden die Vermögens- und Einkommensverhältnisse anderer Haushaltsmitglieder (Bedarfsgemeinschaft) berücksichtigt. Anspruchsberechtigte bekommen eine sogenannte Grundsicherung. Der Regelsatz lag Ende 2009 bei 359 Euro. Für Familienmitglieder werden zusätzliche Beträge gezahlt. Außerdem werden Wohnungsmiete und Heizkosten in begrenzter Höhe erstattet, und die Mitgliedschaft in den Sozialversicherungen (Krankenversicherung, Rentenversicherung, Pflegeversicherung) wird finanziert.

Leistungskürzungen drohen, falls zumutbare Arbeit nicht angenommen wird. Zumutbarkeitsregeln wurden gegenüber früheren Bestimmungen verschärft. Es müssen Tätigkeiten mit niedrigen Löhnen, geringen Qualifikationsansprüchen und hohen regionalen Mobilitätsanforderungen akzeptiert werden. Für alle Arbeitnehmer mit niedrigeren Löhnen als die Alg-II-Leistungen können Aufstockungszahlungen im Rahmen von Hartz IV gewährt werden. Für arbeitslose Alg-II-Bezieher gibt es geringfügige Spielräume für Zusatzverdienste.

Durch die Einführung des Alg II hat sich für die Mehrheit der Betroffenen die Einkommenssituation gegenüber der bisherigen Arbeitslosenhilfe verschlechtert. Die Höhe der alten Arbeitslosenhilfe war am früheren Verdienst orientiert und konnte – jedoch auch nur bei Bedürftigkeit – grundsätzlich unbegrenzt gezahlt werden. Mit der Neuregelung wurde die Unterstützungsleistung auf das Sozialhilfeniveau reduziert. Ein Teil der Arbeitslosen hatte durch die Umstellung auf Alg II einen Vorteil, weil ihre Ansprüche bei der alten Regelung unter dem Sozialhilfeniveau lagen und sie darauf verzichtet hatten, zusätzlich zur Arbeitslosenhilfe Sozialhilfe zu beantragen.

Die beschriebenen Arbeitsmarktreformen – man spricht auch von Strukturreformen des Arbeitsmarktes – sollen an zwei Ansatzpunkten zu einer Verringerung der Arbeitslosenzahlen führen: Die offenen Stellen sollen schneller und in größerem Umfang von Arbeitslosen besetzt werden, und es sollen mehr Arbeitsplätze geschaffen werden. Durch die Neuorganisation der Arbeitsvermittlung und durch verbesserte Betreuungskonzepte („fördern“) soll die Effizienz bei der Besetzung von Stellen verbessert werden. Aber auch die Maßnahmen, die dem arbeitsmarktpolitischen Stichwort „fordern“ zuzuordnen sind, sollen zu einer möglichst weitgehenden Besetzung offener Stellen beitragen. Die Verschärfung der Zumutbarkeitsregeln zusammen mit der Androhung von Leistungskürzungen bei Ablehnung von Angeboten schafft Zwänge, auch wenig attraktive Stellen anzunehmen. Ein erhöhter Zwang zur Arbeitsaufnahme entsteht auch durch die Verkürzung der Anspruchsdauer mit Einführung des Alg I und durch Abschaffung der zeitlich unbegrenzten von der Verdiensthöhe abhängigen Arbeitslosenhilfe (Ersetzung durch Alg II).

Das Ziel, mit den Hartz-Reformen die Arbeitskräftenachfrage zu vergrößern, wird theoretisch meist mit Argumenten der neoklassischen Arbeitsmarkttheorie verbunden. Danach sei Arbeitslosigkeit vor allem eine Folge zu hoher Löhne. Bei niedrigeren Löhnen würden die Unternehmen mehr Arbeitskräfte nachfragen. Besonders gravierend ist die Arbeitslosigkeit der Geringqualifizierten, die einen großen Teil der Arbeitslosen ausmachen und die größte Gruppe bei den Langzeitarbeitslosen bilden. Wer mehr als ein Jahr arbeitslos ist, gilt als Langzeitarbeitsloser. 2008 war der Anteil dieser Gruppe an der Gesamtzahl der Arbeitslosen 1,2 von 3,3 Millionen, also 37 % (Bundesagentur für Arbeit 2009a). Die z.B. tarifvertraglich festgelegten Löhne für Geringqualifizierte übersteige ihre produktiven Beiträge im Arbeitsprozess, so die neoklassische Argumentation.

Um gering qualifizierten Arbeitslosen bessere Chancen auf dem Arbeitsmarkt zu bieten, müsse nach den Verfechtern der Hartz-Reformen der Niedriglohnsektor ausgeweitet werden. Dieser Absicht dienen mehrere der Maßnahmen im Rahmen der Arbeitsmarktreformen. Die Verschärfung der Zumutbarkeitsregeln mit Androhung von Leistungskürzungen und die Verringerung der Leistungen für die Mehrheit der Arbeitslosen schaffen Zwänge, auch zu niedrigen Löhnen Arbeit anzunehmen. Ökonomen sprechen in diesem Zusammenhang von einer Absenkung des „Anspruchslohns“, das ist der Lohn, den ein Arbeitsloser mindestens erwartet, wenn er von der Arbeitslosenunterstützung zur Erwerbstätigkeit wechselt. Die Förderung von Mini-Jobs trägt ebenfalls zu einer Ausweitung des Niedriglohnsektors bei. 2008 betrug die Zahl der hauptberuflich geringfügig entlohnten Beschäftigten etwa fünf Millionen. Das Gleiche gilt für die Liberalisierung der Leiharbeit. Zwar gibt es für die meisten Leiharbeiter inzwischen Tarifverträge, trotzdem sind Arbeitsbedingungen und vor allem Löhne schlechter als für Stammbelegschaften. Die Zahl der Leiharbeiter hat sich zwischen 2003 und 2007 verdoppelt auf jahresdurchschnittlich 700 000 (SVR 2008, Schaubild 89). Eine bewusste Förderung des Niedriglohnsektors geht auch von Regelungen aus, nach denen Geringverdiener zusätzlich Hartz-IV-Leistungen erhalten („Aufstocker"), die ihre Einkünfte auf Existenzminimum-Niveau anheben. Diese Maßnahme entspricht einem Kombilohnmodell, bei dem ein niedriger Lohn durch staatliche Zuschüsse ergänzt wird, im vorliegenden Fall aber eben nur auf geringst mögliches Niveau. Auch die Ein-Euro-Jobs, die Arbeitslosen, die auf dem normalen Arbeitsmarkt nicht vermittelbar sind, von den Arbeitsverwaltungen zugewiesen werden, kann man im weitesten Sinne zum Niedriglohnsektor rechnen. Man spricht hier allerdings von einem zweiten Arbeitsmarkt, da es hier nicht um normale Beschäftigungsverhältnisse geht, sondern im öffentlichen Interesse liegende zusätzliche Tätigkeiten, die allerdings auch in Konkurrenz zu normalen Arbeitsverhältnissen treten können.

Viele Maßnahmen der Arbeitsmarktreformen lassen sich in der theoretischen Begründung auch dem neoklassischen Angebotsansatz zuordnen. Danach verspricht alles, was die Arbeitskosten senkt, Impulse für unternehmerische Aktivitäten, es soll zusätzliche Investitionen und damit das Wirtschaftswachstum anregen mit der erhofften Folge größerer Arbeitskräftenachfrage. Die erwähnten Maßnahmen, die zu einer Ausweitung des Niedriglohnsektors führen, tragen zu einer Verringerung von Lohnkosten für die Unternehmen bei. Die Absenkung der Ansprüche aus der Arbeitslosenversicherung (Alg I) machte eine Verringerung der Arbeitgeberbeiträge zur Arbeitslosenversicherung möglich (Senkung der Lohnnebenkosten).

Als wichtiger Effekt der Arbeitsmarktreformen wird immer wieder betont, dass mehr Flexibilität am Arbeitsmarkt geschaffen worden ist. Mangelnde Flexibilität des deutschen Arbeitsmarktes wurde zum Beispiel vom Sachverständigenrat in seiner Mehrheit immer wieder darin gesehen, dass Löhne durch Flächentarifverträge nach unten nicht beweglich seien und dass es für die Unternehmen Einstellungsschranken gäbe durch arbeitsrechtliche

Regelungen wie Kündigungsschutz und gesetzliche Beschränkungen bei der Befristung von Arbeitsverträgen, weil dadurch kurzfristige Entlassungen behindert werden. Diese Flexibilität am Arbeitsmarkt ist – auch mithilfe der Hartz-Reformen – vor allem durch die Begünstigung von Leiharbeit und Mini-Jobs in großem Umfang gefördert worden. Der SVR sieht diese Arbeitsformen als „Puffer", um Kündigungen der Stammbelegschaft für eine gewisse Zeit zu vermeiden (SVR 2008, Ziffer 778). Nur noch zwei Drittel aller Beschäftigten in Deutschland waren 2007 in einem Normalarbeitsverhältnis (unbefristet, sozialversicherungspflichtig und mehr als 30 Wochenstunden) beschäftigt. Das übrige Drittel zeigt heute die Bereitschaft oder ist gezwungen, sogenannte atypische Beschäftigungsverhältnisse einzugehen. Anfang der 1990er Jahre machte diese Gruppe erst etwa 18 % aller Beschäftigten aus (SVR 2008, Ziffer 517 ff.). Das wird als verbesserte Flexibilität des Arbeitsmarktes angesehen.

Die Erfolge am Arbeitsmarkt mit dem Rückgang der jahresdurchschnittlichen Zahl der registrierten Arbeitslosen zwischen 2005 und 2008 um 1,5 Millionen und insbesondere mit dem überproportionalen Rückgang der Langzeitarbeitslosigkeit sehen Sachverständigenrat und Regierung zu einem guten Teil als Ergebnis der Arbeitsmarktreformen. Der SVR spricht von einer „Reformdividende" (SVR 2007, Ziffer 11) und von „Früchten der Reformpolitik" (SVR 2008, Ziffer 27). Die Erfolge werden insbesondere erklärt mit der Senkung von „Anspruchslöhnen" durch Kürzungen von Leistungen für Arbeitslose, mit der Ausweitung des Niedriglohnsektors, wodurch Geringqualifizierte größere Chancen am Arbeitsmarkt bekommen hätten, mit der Verbesserung der Flexibilität am Arbeitsmarkt vor allem durch Leiharbeit und Mini-Jobs und mit der Senkung von Lohnnebenkosten bei den Arbeitgeberbeiträgen für die Arbeitslosenversicherung. Auch das Institut für Arbeitsmarkt- und Berufsforschung gibt eine grundsätzlich positive Einschätzung der Arbeitsmarktreformen. Es weist aber auch darauf hin, dass die günstige Arbeitsmarktentwicklung in eine Phase wirtschaftlichen Aufschwungs fiel und dass „kausalanalytische Befunde“ zur Bewertung der Reformen noch fehlen (Institut für Arbeitsmarkt- und Berufsforschung 2009 b).

Der Sachverständigenrat fordert eine Weiterführung der Arbeitsmarktreformen mit dem Ziel von mehr Niedriglöhnen und mehr Flexibilität. Insbesondere um die hohe Arbeitslosigkeit von Geringqualifizierten zu vermindern, sollen Niedriglöhne zugelassen werden (Ablehnung von Mindestlöhnen). Und die Ausweitung des Niedriglohnsektors soll gefördert werden durch Kombilöhne oder eine negative Einkommensteuer. Das bedeutet, die Unternehmen sollen „ökonomisch angemessene“ niedrige Löhne zahlen, und die Arbeitnehmer sollen ergänzende Zahlungen vom Staat erhalten. Auch dahinter stehen die Vorstellungen der neoklassischen Arbeitsmarkttheorie, dass bei hoher Arbeitslosigkeit die Lohnkosten für die Unternehmen gesenkt werden müssen. Mit dieser Begründung werden vom SVR in seiner Mehrheit auch Mindestlöhne abgelehnt.

Weitere Vorschläge des SVR, um mehr Flexibilität am Arbeitsmarkt zu erreichen, zielen auf eine Lockerung von gesetzlichen Kündigungsschutzbestimmungen. Um außerdem die Lohnbildung flexibler zu machen, das heißt, bei hoher Arbeitslosigkeit auch Lohnsenkungen möglich zu machen, möchte der SVR die Verbindlichkeit von Flächentarifverträgen, also Verträgen, die jeweils für ganze Branchen in bestimmten Tarifgebieten gelten, auflockern.

Was sagen die Kritiker? Die Arbeitsmarktreformen im Rahmen der Hartz-Gesetze wurden über die Jahre von Zweifeln an ihrer Wirksamkeit und von Kritik an ihren Folgen begleitet. Man weist darauf hin, dass sich letztlich nicht beweisen lässt, ob die günstige Entwicklung am Arbeitsmarkt in den Jahren 2006 bis 2008 eher die Folge der Reformen oder des relativ starken konjunkturellen Aufschwungs in diesen Jahren war. Kritiker sehen den Hauptgrund für die günstige Entwicklung in einem von hohen Exportsteigerungen und von starker Zunahme der Investitionen getragenen relativ langen Konjunkturaufschwung. Dieser war allerdings begleitet von einer Stagnation der Konsumnachfrage, weil die deutschen Löhne in dieser Zeit mit dem Wachstum des BIP nicht mit gestiegen sind. Der übrige Euro-Raum, Großbritannien und die USA hätten höhere Zunahmen der binnenwirtschaftlichen Nachfrage aufgrund stärkerer Lohnerhöhungen und gleichzeitig eine bessere Arbeitsmarktentwicklung als Deutschland gehabt (Bofinger, Minderheitsmeinung in: SVR 2008, Ziffer 604).

Wesentliche Teile der Hartz-Reformen zielen darauf, Arbeitslose zu zwingen, auch schlecht bezahlte Stellen anzunehmen. Diese Maßnahmen haben sicher dazu beigetragen, die Zahl der Beschäftigten zu erhöhen und die Zahl der Arbeitslosen zu verringern. Kritiker weisen vor allem auch darauf hin, dass letztlich nur eine Minderheit der Arbeitsuchenden einen Arbeitsplatz finden kann, da es eine beträchtliche Arbeitsplatzlücke von mindestens 3,4 Millionen Arbeitsplätzen selbst in dem günstigen Jahr 2008 gab (vgl. Tab. 3). Diese ist langfristig entstanden, weil über viele Jahrzehnte der Zusatzbedarf an Arbeitskräften aufgrund des Wirtschaftswachstums nicht ausgereicht hat, den Minderbedarf aufgrund der gesamtwirtschaftlichen Produktivitätszunahme auszugleichen. Die Erhöhung der Arbeitsproduktivität war seit den 1970er Jahren gesamtwirtschaftlich größer als die Zunahme des BIP. Ob sich dieser Trend langfristig umkehren lässt, lässt sich bezweifeln.

Dass die Löhne insbesondere der Geringqualifizierten zu hoch sind, so wie dies mit der neoklassischen Arbeitsmarkttheorie begründet wird, ist umstritten. Jedenfalls werden auch bei weiterer Absenkung von Löhnen für Geringqualifizierte und von Lohnersatzleistungen für Arbeitslose („Anspruchslöhne") wegen der Entwicklung makroökonomischer Strukturen (Verhältnis von Wirtschaftswachstum und Zunahme der Arbeitsproduktivität) nicht ausreichend Arbeitsplätze vorhanden sein, um die Massenarbeitslosigkeit zu überwinden. Mit Begründungen der neoklassischen Arbeitsmarkttheorie wurden Arbeitsmarktreformen vorgenommen, bei denen man die Arbeitsuchenden und vor allem die schwächsten Bevölkerungsgruppen die Lasten tragen ließ, obwohl die Massenarbeitslosigkeit Folge makroökonomischer Strukturentwicklungen ist, die die Betroffenen nicht verursacht haben. Und die Opfer, die man ihnen abverlangt, werden kaum den erhofften Erfolg einer Überwindung der Massenarbeitslosigkeit haben.

Tabelle 6: Ursachenanalyse und Therapie bei lang anhaltender Arbeitslosigkeit

	Angebotsansatz	Nachfrageansatz
Theoretische Basis	Mikroökonomie (Neoklassik), Betrachtung von: • einzelwirtschaftlichen Entscheidungen • Marktsteuerungsmodellen, Marktgleichgewichten	Makroökonomie (Keynesianismus): Betrachtung gesamtwirtschaftlicher Größen im Kreislaufzusammenhang (Sozialprodukt, Volkseinkommen, gesamtwirtschaftliche Nachfrage, Konsum, Investitionen ...)
Markt und Staat	allgemeiner Optimismus im Hinblick auf Marktsteuerung, stark eingeschränkte Staatsaufgaben (Wirtschaftsliberalismus)	beschränktes Vertrauen auf Marktsteuerung, Forderung nach staatlichem Einfluss auf die Wirtschaft (Staatsinterventionismus)
Ursachen von Arbeitslosigkeit	schlechte Rahmenbedingungen für die Unternehmen: • Gewinne zu niedrig • Löhne und Lohnnebenkosten zu hoch • zu hohe Steuerbelastungen • Hemmnisse für private Unternehmerinitiativen (Regulierungen durch den Staat)	begrenztes Wirtschaftswachstum wegen zu geringer gesamtwirtschaftlicher Nachfrage, hohe gesamtwirtschaftliche Sparquote, Sättigungstendenzen in hoch entwickelten Volkswirtschaften
Therapie gegen Arbeitslosigkeit	mehr Wirtschaftswachstum durch Angebotspolitik: • Steuern und Abgaben für Unternehmen senken • Verringerung der Staatsquote • moderate Lohnpolitik (Erhöhung der gesamtwirtschaftlichen Gewinnquote) • Deregulierung beim Staat und bei der Tariflohnbildung • Privatisierung öffentlicher Aufgaben, mehr Wettbewerb, mehr Marktdynamik	mehr Wirtschaftswachstum durch Nachfragepolitik: • mehr staatliche Ausgaben, um zu geringe private Nachfrage auszugleichen • staatliche Investitionsprogramme • Umverteilung hin zu niedrigeren Einkommen (dort höhere Konsumquote)

4. Geldwertstabilität

4.1 Funktionsweise des Geldsystems

Eine entwickelte Marktwirtschaft kommt nicht ohne Geld aus. Marktwirtschaft ist Tauschwirtschaft. In den Unternehmen werden jeweils verschiedene Waren produziert, die dann über Märkte in einen allgemeinen Austauschprozess gelangen. Bei noch wenig entwickelter gesellschaftlicher Arbeitsteilung wurde Ware gegen Ware getauscht (Naturaltausch). In einer entwickelten Marktwirtschaft tauscht man Ware gegen Geld und Geld gegen andere Waren. Geld wird als allgemeines Tauschmittel benutzt. Daneben gibt es weitere Funktionen des Geldes:

- Zahlungsmittel (um z.B. Schulden zu begleichen).
- Die Geldeinheiten können als Recheneinheiten benutzt werden, um Wertvergleiche vornehmen zu können.
- Schließlich benutzt man Geld in seiner Wertaufbewahrungsfunktion. (Man will über Erspartes später verfügen können, ohne dass der Wert sich verringert hat.)

Die heute benutzten Geldformen sind im Laufe von Jahrtausenden entstanden. Hier einige geschichtliche Stationen in Kürze:

- Warengeld als frühe Geldform (seltene Muscheln, Vieh)
- Metallgeld (Gold, Silber)
- geprägtes Metallgeld (Münzen aus Edelmetallen)
- frühes Papiergeld (ursprünglich als Quittungen für hinterlegtes Edelmetall)
- schließlich die heutigen Geldformen:
  - Banknoten (Bargeld, Papiergeld), die von staatlichen Noten-

banken ausgegeben und im Wert garantiert werden (früher war dieses Geld durch Goldbestände der Notenbanken gedeckt),
- Münzen (Bargeld), die nicht mehr aus Edelmetallen bestehen, sondern nur noch kleine Geldeinheiten darstellen,
- Buch- oder Giralgeld, das sind die Guthaben auf Girokonten bei den Banken, über die man mittels Scheck, Kreditkarte, Überweisung (mit Formular, Telefon, Automaten, PC) verfügen kann.

Die Marktwirtschaft funktioniert nur dann, wenn dieses Geld von allen Beteiligten anerkannt und angenommen wird. Geld kann seine Funktion als allgemein akzeptiertes Tauschmittel (und auch die anderen Funktionen) nur erfüllen, wenn alle auf die Wertbeständigkeit des Geldes vertrauen können. Bei allgemeinen Preissteigerungen (Inflation) vermindert sich der Wert des Geldes. Ein solcher Prozess der Geldentwertung kann insbesondere dadurch in Gang kommen, dass sich die in Umlauf befindliche Geldmenge schneller vermehrt als die produzierten Warenmengen, deren Tausch das Geld vermitteln soll.

Heutiges Geld wird künstlich geschaffen. Banknoten und Münzen werden in Deutschland von der Deutschen Bundesbank im Auftrag der Europäischen Zentralbank in Umlauf gebracht. Giralgeld kann dadurch vermehrt werden, dass Banken ihren Kunden Kredite gewähren, die dadurch über zusätzliche Guthaben verfügen können. Die genannten Geldarten sind Bestandteile der Geldmenge. Das Hauptproblem moderner Geldsysteme besteht darin, eine ungezügelte Ausweitung der Geldmenge zu verhindern.

Die Funktionsweise des Geldsystems kann man sich in einer vereinfachten Weise verdeutlichen. Durch die wirtschaftlichen Aktivitäten in einem Land entsteht ein Sozialprodukt, dem das Volkseinkommen (die Gewinne und die Arbeitnehmereinkommen) gegenüberstehen, Geldmäßig erscheinen diese Einkommen heute üblicherweise als Guthaben auf den Girokonten bei den Banken. Allerdings entsteht das Geld nicht auf diese Weise, sondern man setzt mit der Betrachtung des Geldsystems lediglich an einem bestimmten Punkt des Geldkreislaufs an, nämlich bei der Auszahlung der Einkommen. Die Unternehmen haben das dafür notwendige Geld vorher durch Warenverkäufe eingenommen. Die Giroguthaben der Einkommensempfänger werden dann teilweise benutzt, um Überweisungen vorzunehmen, oder sie werden umgewandelt in Bargeld (Abhebungen). Teilweise werden Giroguthaben auch benutzt, um Ersparnisse zu bilden. Das können langfristige Anlagen in Aktien oder Anleihen sein oder kurzfristige Anlagen auf Sparkonten oder Termingeldkonten. Alle Geldanlageformen, bei denen kurzfristig eine Umwandlung in Bargeld möglich ist, werden heute zur Geldmenge im weitesten Sinne gerechnet. Langfristige Anlagen gehören jedenfalls nicht dazu.

Es werden folgende Geldmengendefinitionen benutzt:

- M1: Bargeld und Sichtguthaben (Giroguthaben) bei den Banken,
- M2: M1 plus Spareinlagen (Kündigungsfrist bis zu drei Monaten) und Termingelder (Einlagen mit Laufzeiten bis zu zwei Jahren),
- M3: M2 plus weitere kurzfristige Geldanlagen (z.B. Einlagen bei Geldmarktfonds).

Wie bereits angesprochen, befindet sich das vorhandene Geld in einem permanenten Kreislauf. In einer wachsenden Volkswirtschaft muss die Geldmenge mitwachsen, damit der immer größer werdende Umfang der Geschäfte durch das Geld vermittelt werden kann. Im heutigen Geldsystem wird die Geldmenge bestimmt durch das Zusammenspiel von Zentralnotenbank und Geschäftsbanken (das sind alle Banken und Sparkassen). Die Notenbank bringt das Bargeld in Umlauf und bestimmt damit die Bargeldmenge.

Die übrigen Geldarten befinden sich im Einflussbereich der Geschäftsbanken. Die Banken können durch Kreditgewährung die Geldmenge vergrößern. Ein Kredit, den eine Bank vergibt, taucht zunächst als Gutschrift auf dem Girokonto des Kunden auf. Über dieses zusätzliche Geld kann er nun verfügen. Hebt der Bankkunde dieses Geld in bar ab, so wird das Giralgeld wieder vermindert, weil es in Bargeld umgetauscht wird. Wird das Guthaben aus dem Bankkredit für Überweisungen auf andere Girokonten benutzt, so bleibt es bei der Vergrößerung der Giralgeldmenge im gesamten Bankensystem. Bei den Banken wird einerseits der Wert der Forderungen gegen ihre Kunden größer (auf Grund des Kredits). Andererseits wachsen die Verbindlichkeiten der Banken wegen der zusätzlichen Giroguthaben der Bankkunden. Mit dieser Zunahme der Sichteinlagen hat sich dann die gesamtwirtschaftliche Geldmenge vergrößert. Man spricht von Giralgeldschöpfung der Banken.

Aufgabe der Zentralbank ist es, das Geldsystem zu sichern, indem sie versuchen muss, eine unkontrollierte Vergrößerung der Geldmenge zu verhindern. Das Problem für die Notenbank besteht darin, dass sie nur die Bargeldmenge direkt bestimmen kann, nicht aber das durch die Geschäftsbanken geschaffene Giralgeld. Allerdings können die Banken ihre Verpflichtungen in bestimmten Fällen nur erfüllen, wenn sie über sogenanntes Zentralbankgeld verfügen. Dazu zählen das Bargeld und die Sichtguthaben der Banken bei der Zentralbank. Guthaben bei der Zentralbank sind Liquiditäten für die Kreditbanken. Sie werden zwischen den Banken gehandelt, um Schwankungen der Liquidität bei einzelnen Banken auszugleichen. Den Umfang dieser Sichtguthaben kann die Zentralbank beeinflussen. Damit hat sie indirekt Einfluss auf die Fähigkeit der Banken, über Kreditvergabe Giralgeld zu schaffen. Diese Aktivitäten der Notenbank machen den wesentlichen Teil der Geldpolitik aus.

4.2 Das Inflationsproblem

Von Inflation spricht man bei einer allgemeinen Erhöhung des Preisniveaus. Man misst die Inflation durch die prozentuale Erhöhungsrate des allgemeinen Preisniveaus z.B. innerhalb eines Jahres. Als Maß kann man den Preisindex für die Lebenshaltung benutzen. Die Waren, deren Preisentwicklung man ermitteln will, werden in einem sogenannten Warenkorb erfasst. Das sind die von einem durchschnittlichen Privathaushalt üblicherweise gekauften Güter und Dienstleistungen. Aus den Preiserhöhungen der einzelnen Waren wird ein (mit der Zusammensetzung des Warenkorbes) gewichteter Durchschnitt der Preiserhöhungen berechnet.

Immerhin ist das Preisniveau in der BRD von 1965 bis zum Jahr 2000 auf etwa das Dreifache gestiegen. Das heißt, eine DM von 1965 ist im Jahr 2000 nur noch 33 Pfennig wert gewesen. Jahresdurchschnittlich waren das Preiserhöhungen von etwa 3,4 %. Hier spricht man gelegentlich von „schleichender" Inflation. Die meisten anderen Länder haben in dieser Zeitspanne weit höhere Geldentwertungen erlebt. In der Zeit des Euro betrugen von 2002 bis 2008 die jahresdurchschnittlichen Steigerungen des Preisniveaus weniger als 2 %. Solche gemäßigte Geldentwertungen werden im Allgemeinen nicht als ernsthafte Gefahr für das Geldsystem angesehen. Anders müssen sogenannte Hyperinflationen (Preissteigerungsraten von mehr als 50 % jährlich) beurteilt werden. In Deutschland gab es nach den beiden Weltkriegen Inflationen, bei denen die Preissteigerungen außer Kontrolle gerieten, und die nur beendet werden konnten durch Währungsreformen. Dabei wurde das Geld vollständig oder fast vollständig entwertet und jeweils durch neues Geld (eine neue Währung) ersetzt.

Der Staatshaushalt ist während des Ersten Weltkrieges und auch noch Anfang der 1920er Jahre im Wesentlichen durch Kredite der Reichsbank (der Zentralbank des Deutschen Reiches) finanziert worden. Damit ist der Krieg großenteils mit neu geschaffenem Geld bezahlt worden. Dies schlug sich auch nieder in einer gigantischen Ausweitung der umlaufenden Bargeldmenge. Die Bevölkerung spürte das an heute unvorstellbaren Preissteigerungen. Der Höhepunkt der Inflation war 1923. Im August 1923 kostete ein Brot bereits 1 Million Mark, im November 200 Milliarden Mark. Die Inflation wurde Ende 1923 mit einer

Währungsreform beendet. Eine Billion alte Mark war nur noch eine Mark in neuem Geld wert.

Die Inflation von 1923 hatte Gewinner und Verlierer, es fand eine starke Umverteilung von Vermögen statt. Gewinner waren die Eigentümer von Sachwerten (Fabriken, Aktien, Immobilien), denn diese behielten ihren Wert. Verlierer waren die Besitzer von Geldwerten (Bargeld, Sparkonten, Anleihen), die wertlos geworden waren. Wer Schulden gehabt hatte, ist diese losgeworden (so auch der Staat). Wer Sachwerte auf Kredit kaufte, konnte damals große Vermögen machen.

Auch der Zweite Weltkrieg wurde in Deutschland nach dem gleichen Muster wie der erste Krieg finanziert, durch staatliche Verschuldung. Die Schuldtitel des Staates wurden von Banken, Sparkassen und Versicherungen gekauft, teilweise auch von der Zentralbank. Auf diese Weise wurde neues Geld geschaffen. Sowohl die umlaufende Bargeldmenge als auch die Menge Giralgeldes wurden vervielfach, so dass das Geld vor allem nach Kriegsende erheblich an Wert verlor. Auf den staatlich regulierten Warenmärkten war die Inflation durch staatliche Preisfestsetzungen „zurückgestaut". Auf dem Schwarzmarkt stiegen die Preise inflationär. Ebenso wie nach dem Ersten Weltkrieg verlor das Geld weitgehend seine Tauschmittelfunktion. Man kehrte zum Naturaltausch (Ware gegen Ware) zurück. Es bildeten sich vor allem auf dem Schwarzmarkt Ersatzwährungen (z.B. Zigarettenwährung). Bei der Vielzahl der Tauschgeschäfte, die in einer modernen Marktwirtschaft stattfinden, ist es ein erhebliches Hemmnis, wenn kein allgemein akzeptiertes Tauschmittel (Geld) existiert. Die Währungsreform von 1948 brachte eine (in den meisten Fällen) Abwertung des alten Geldes im Vergleich zum neuen im Verhältnis 10 : 1. Das neue Geld, die D-Mark, wurde – trotz einer gewissen schleichenden Inflation – eine stabile Währung und war damit eine wesentliche Grundlage für den westdeutschen Wiederaufbau und das „Wirtschaftswunder".

4.3 Geldpolitik im Eurosystem

Seit 1999 ist die Europäische Währungsunion mit dem Euro als Gemeinschaftswährung verwirklicht. Die Europäische Zentralbank (EZB) ist die Zentralbank des Eurosystems. Sie ist für die Geldpolitik der Staatengemeinschaft zuständig. Die Deutsche Bundesbank ist Teil des Zentralbanksystems der Währungsunion. Sie führt die Politik der EZB aus. Wie vorher die Bundesbank, regelt jetzt die EZB den Geldumlauf und die Kreditversorgung der Wirtschaft. Die Aufgaben der EZB sind im Maastrichter Vertrag von 1992 beschrieben. Vorrangiges Ziel der Geldpolitik ist die Sicherung des Geldwertes (Preisstabilität). Soweit das Geldwertziel nicht beeinträchtigt wird, soll die EZB die allgemeine Wirtschaftspolitik der EU-Kommission und der Regierungen unterstützen. Dabei ist die EZB unabhängig von Regierungsentscheidungen (Autonomie der Zentralbank). Die Hyperinflationen im 20. Jahrhundert hingen oft damit zusammen, dass Zentralbanken gegenüber den Regierungen weisungsgebunden waren und mit Krediten und Bargeldschöpfung die Defizite in den Staatshaushalten finanzieren mussten. Um solche Gefahren für den Geldwert zu vermeiden, ist die Unabhängigkeit der EZB festgeschrieben und der EZB ist es grundsätzlich untersagt, die Haushaltsdefizite der öffentlichen Hand durch Kredite zu finanzieren.

Als Ergänzung des Vertrags von Maastricht (1992) wurde 1996 der europäische „Stabilitäts- und Wachstumspakt“ beschlossen. Darin wurde eine erlaubte Obergrenze für die Neuverschuldung der öffentlichen Haushalte in Höhe von 3 % des Bruttoinlandsproduktes (BIP) festgelegt. Wenn die Verschuldungsgrenze nicht eingehalten wird, drohen Geldbußen. Die Grenze kann in Ausnahmefällen (z.B. Naturkatastrophen oder ernste Rezessionen) überschritten werden. Als ernst gilt eine Rezession nach dem Stabilitätspakt erst, wenn sich das BIP um mindestens 2 % im Jahr vermindert. Damit wird für den Fall leichter Rezessionen (z.B. Nullwachstum) eine antizyklische Haushaltspolitik keynesianischer Art, wie oben schon erwähnt, ausgeschlossen. Die

Regelungen geben dem Ziel Preisstabilität eine Vorrangstellung gegenüber anderen Stabilitätszielen.

Die geldwertsichernde Politik der Zentralbank hat zwei Ansatzpunkte. Sie ist zunächst darauf gerichtet, die Giralgeldschöpfung der Banken und damit die Geldmenge zu beeinflussen. Zweitens versucht die Zentralbank, bestimmenden Einfluss auf das Zinsniveau in der Gesamtwirtschaft zu nehmen. Für das Wachstum der Geldmenge gibt die Zentralbank eine gewünschte, ungefähre prozentuale Zunahme vor, die hoch genug ist, dass für eine wachsende Wirtschaft (Potenzialwachstum) genügend Liquidität vorhanden ist, aber nicht so hoch, dass vom Geldmengenwachstum inflationäre Tendenzen ausgehen. Mit ihrer Zinspolitik kann die Zentralbank restriktiv (bremsend) wirken (hohe Zinsen) bei Inflationstendenzen und drohender Konjunkturüberhitzung. Sie kann bei einer Konjunkturkrise versuchen, mit niedrigen Zinsen die Wirtschaft zu beleben.

Weder die gesamtwirtschaftliche Geldmenge noch das Zinsniveau kann die Zentralbank direkt festlegen. Sie hat aber Einwirkungsmöglichkeiten durch ihre Geschäfte mit den Banken. Die Geschäftsbanken brauchen bei der Ausweitung der Kreditgewährung (Giralgeldschöpfung) Zentralbankgeld. Sie müssen darauf gefasst sein, dass ihre Kreditkunden einen Teil des neu geschaffenen Giralgeldes in Bargeld umtauschen oder überweisen und sie müssen zusätzliche Reserveguthaben (Mindestreserven) bei der Zentralbank unterhalten. Beides ist Zentralbankgeld, das letztlich nur von der Zentralbank geschaffen werden kann, z.B., indem die Zentralbank den Geschäftsbanken Kredite gibt. Mit den Zinsen, die die Zentralbank für solche Kredite von den Geschäftsbanken verlangt, hat sie indirekt Einfluss auf die Zinsen, die die Geschäftsbanken von ihren Kunden verlangen, und damit auf das in der Gesamtwirtschaft herrschende Zinsniveau.

Für ihre Geldpolitik hat die Europäische Zentralbank im Wesentlichen drei Instrumente zur Verfügung: die Offenmarktpolitik, ständige Fazilitäten (ständige Kredit- und Einlagenbedingungen bei der EZB) und Mindestreservevorschriften für die Banken.

Das wichtigste Instrument der EZB ist die Offenmarktpolitik. Dabei nimmt die Zentralbank von den Banken in der Regel festverzinsliche Wertpapiere als Pfand an und räumt ihnen dafür auf begrenzte Zeit (eine Woche oder drei Monate) ein Guthaben auf Kredit ein. Dieses Geld brauchen die Banken, um einen größeren Liquiditätsspielraum bei den Kreditgeschäften mit ihren Kunden zu haben. Die Zentralbank verlangt für ihre Kredite an die Banken Zinsen und bietet diese Kredite über Ausschreibungen an. Man spricht von einem Mengentender, wenn die EZB den Zins festlegt. Die Banken geben dann Gebote ab im Hinblick auf die gewünschten Geldmengen und die EZB teilt die von ihr für angemessen gehaltenen Mengen zu. Beim sogenannten Zinstender legt die EZB einen Mindestbietungssatz fest, die Banken geben Gebote ab im Hinblick auf Zins und Mengen und die EZB teilt dann den einzelnen Banken Geldmengen zu.

Mit den sogenannten ständigen Fazilitäten bietet die EZB den Kreditbanken die Möglichkeit, gegen Sicherheiten sich kurzfristig (über Nacht) Zentralbankgeld zu beschaffen.

Das dritte wichtige Instrument der EZB-Politik sind die Mindestreservevorschriften für die Geschäftsbanken. Die Pflicht, Reserveguthaben bei der Zentralbank zu unterhalten, besteht für bestimmte Einlagen der Bankkunden, insbesondere für Giroguthaben. Die Mindestreserve, die die Banken als Guthaben bei der EZB unterhalten müssen, beträgt zwei Prozent.

Die Zinssätze, die die EZB für die Mengentender bzw. als Mindestbietungssatz beim Zinstender festlegt , gelten im Eurosystem als Leitzins. Sie machen die geldpolitischen Absichten der EZB deutlich. Eine Anhebung des Leitzinses ist meist begleitet von der Erhöhung auch der anderen Zentralbankzinsen. Damit soll eine restriktive (bremsende) Wirkung auf die Wirtschaft ausgeübt werden, z.B. um gegen eine konjunkturelle Überhitzung und/oder gegen Inflationsgefahren anzugehen.

Teil der restriktiven Geldpolitik wäre auch eine eingeschränkte Zuteilung von Zentralbankgeld durch die EZB, also der Versuch, das Geldmengenwachstum gering zu halten. Die Geldmenge M3 (siehe oben) ist eine wichtige Orientierung für die EZB. Die Zentralbank gibt einen Referenzwert für das Geldmengenwachstum vor. Nimmt die Geldmenge stärker zu als dieser Referenzwert, so sieht die EZB dies als Gefahr für die Geldwertstabilität an.

Die EZB ist auf das vorrangige Ziel Preisniveaustabilität und damit Anti-Inflationspolitik festgelegt. Darin sind die Notenbanken in den meisten europäischen Ländern seit den 1990er Jahren durchaus erfolgreich. Eine Preissteigerungsrate von jährlich zwei Prozent wird von der EZB als stabilitätsgerecht angesehen. Andererseits ist das gravierende Stabilitätsproblem der letzten Jahrzehnte die hohe Arbeitslosigkeit. Daher wird manchmal gefordert zu versuchen, über niedrige Zinsen die Wirtschaft zu beleben. Eine solche Politik wird von den Zentralbanken in Ansätzen dann praktiziert, wenn die Inflationsraten sehr niedrig (unter ein Prozent) sind und wenn keine Überhitzung der Wirtschaft zu befürchten ist.

5. Die Finanz- und Weltwirtschaftskrise ab 2007 und die neue Rolle des Staates

Seit der Weltwirtschaftskrise der 1930er Jahre hat es keinen ähnlichen Konjunktureinbruch gegeben wie nach 2007, ausgelöst und verstärkt durch das Platzen gleich mehrerer Spekulationsblasen auf den Weltfinanzmärkten. Bei der Darstellung dieser Spekulationskrise werden zunächst die Praktiken der Finanzmarktakteure beschrieben (Abschnitte 5.1 und 5.2). Die Regierungen hatten durch Deregulierung weltweit freie Finanzmärkte und damit gute Bedingungen für Spekulationen geschaffen, mussten aber dann in der Krise mit gigantischen Bankenrettungsprogrammen in die Märkte eingreifen (Abschnitt 5.3). Von der Krise in der Realwirtschaft wurde Deutschland wegen der hohen Exportabhängigkeit stärker betroffen als andere Länder; der Staat legte die in Deutschland bisher größten Konjunkturprogramme auf (Abschnitt 5.4). Schließlich ist zu fragen, ob die jüngste Krise zu einem Paradigmenwechsel zwingt von vorherrschend marktoptimistischen neoklassisch-neoliberalen Sichtweisen und Politikkonzeptionen (mit möglichst wenig Staat) zu einer Neubestimmung der Staatsaufgaben in der sozialen Marktwirtschaft, wobei man sich stärker darauf besinnt, wo die Grenzen marktwirtschaftlicher Selbststeuerung liegen (Abschnitt 5.5).

5.1 Die Subprimekrise

Aus der Weltfinanzkrise, die allgemein erkennbar im Sommer 2007 begann, ist spätestens seit 2008 eine weltweite reale Wirtschaftskrise geworden. Anstoß für die Finanzkrise war das Ende eines Immobilienbooms in den USA. Was sich abspielte, war das Musterbeispiel dafür, wie eine Spekulationsblase platzt. Die Spekulationsprozesse in der Finanzwirtschaft liefen weitgehend abgelöst von der Realwirtschaft ab. Unter Finanzwirtschaft versteht man die Geschäfte von Banken, Versicherungen und sonstigen Vermögensverwaltungsgesellschaften wie z.B. auch Pensionsfonds. Man unterscheidet heute zwischen einerseits den traditionellen Bankgeschäften, bei denen der allgemeine Zahlungsverkehr betrieben wird und außerdem Kundeneinlagen Grundlage sind für Kredite an Wirtschaftsunternehmen und Privathaushalte und andererseits dem sogenannten Investmentbanking: Geschäftsvermittlung auf den Geld- und Kapitalmärkten, Handel mit Wertpapieren, Vermögensverwaltung, Spekulation auf eigene Rechnung. Der finanzwirtschaftliche Sektor hat sich in den letzten Jahrzehnten weit stärker vergrößert als die reale Wirtschaft. Von 2002 bis 2006 haben sich die weltweit vorhandenen Finanzaktiva (Vermögenswerte wie Bankaktiva, Schuldverschreibungen, Aktien) von etwa 100 Billionen US-Dollar auf etwa 200 Billionen Dollar verdoppelt. Das Verhältnis dieser Finanzwerte zum Weltsozialprodukt ist in dieser Zeit von 325 % auf 400 % gestiegen (Deutsche Bundesbank 2008b, S. 16). Dem Finanzsektor ist es gelungen, immer größere Teile der Unternehmensgewinne an sich zu ziehen. In den USA sind vor dem Ausbruch der Finanzkrise auf dem Höhepunkt des Investmentbooms 30 % der Unternehmensgewinne von der Finanzwirtschaft erzielt worden, obwohl dieser Dienstleistungsbereich nur 3 % zum Sozialprodukt beitrug (Dennis Snower, Süddeutsche Zeitung, 21.10.08).

Ähnlich wie die Realwirtschaft entwickelt sich auch die Finanzwirtschaft in Zyklen. Diese können ungefähr parallel zu realwirtschaftlichen Konjunkturzyklen laufen, sie können aber auch ihre eigene Dynamik entwickeln, die möglicherweise mit einem bestimmten Sektor der Wirtschaft verbunden ist, so z.B. bei dem New-Economy-Boom der späten 1990er Jahre, der auf neuen Informationstechnologien (vor allem dem Internet) basierte und im Jahre 2000 zusammenbrach. Spekulationskrisen begleiten die Entwicklung des Kapitalismus seit Jahrhunderten (Kindleberger 2001).

Die Finanzkrise, die sich im Jahre 2007 zuspitzte, hatte ihre Grundlage in Preissteigerungen von Wohnimmobilien in den USA, deren Preise sich in den Jahren 2000 bis 2006 verdoppelten. Die Entwicklung dieser Spekulationsblase wurde begünstigt durch ein niedriges Zinsniveau in den USA und damit auch durch niedrige Zinsen für Hypothekenkredite. Banken vergaben großzügig Kredite an Käufer von Wohnimmobilien. Das erhöhte die Nachfrage nach Immobilien und trieb deren Preise in die Höhe. Das Risiko der Kreditgeber schien gering zu sein. Wenn Kreditschuldner zahlungsunfähig wurden, mussten sie ihre Häuser und Wohnungen verkaufen, oft wurden diese zwangsversteigert. Aus den Verkaufserlösen der Immobilien, deren Wert gestiegen war, ließen sich die Kreditschulden leicht zurückzahlen. Banken und Makler animierten auch Leute zu Immobilienkäufen, die kein Eigenkapital und nur geringe oder unsichere Einkommen hatten, also Interessenten mit geringer Kreditwürdigkeit (geringer Bonität). Die Finanzwirtschaft verdiente gut an Provisionen und Zinseinnahmen. Die Hypothekenschulden der privaten Haushalte in den USA wuchsen von 1999 bis 2007 um 137 % (Remsperger 2008). Solange der Boom auf den US-Immobilienmärkten anhielt, waren die Forderungen der Banken nicht gefährdet, selbst bei Krediten an Schuldner mit geringer Kreditwürdigkeit, den sogenannten Subprime-Krediten.

Banken müssen die Kredite, die sie vergeben, gegenfinanzieren. Üblicherweise geschieht dies durch Eigenkapital und durch Einlagen/Ersparnisse von Bankkunden. Die Banken können sich das nötige Geld aber auch auf den Geld- und Kapitalmärkten beschaffen. Im Falle der amerikanischen Hypothekenkredite geschah dies durch Weiterverkauf der Kredite. Mit Immobilien gesicherte Kreditansprüche wurden dabei in kompliziert konstruierten handelbaren Wertpapieren gebündelt („Verbriefung") und in der ganzen Welt weiterverkauft. Solche Wertpapiere zählen zu den so genannten Derivaten, weil sie von zugrunde liegenden Werten (hier durch Immobilien besicherte Ansprüche gegen Hypothekenschuldner) abgeleitet sind. Dabei ist nicht die Verbriefung von Finanzverträgen in Wertpapieren das Problem. Solche Verbriefungen sind normale Vorgänge auf den Finanzmärkten. Es kommt darauf an, was und wie verbrieft wird.

Auch Subprime-Kredite wurden in großem Maßstab verbrieft. Dabei wurde ein besonders „innovatives" Verfahren angewandt, die sogenannte Strukturierung. Mit (Subprime-)Hypotheken besicherte Wertpapierpakete wurden in Teile (Tranchen) zerlegt. Das höchste Ausfallrisiko wurde auf eine Tranche konzentriert. D.h. die Käufer dieser Tranche mussten als Erste Ausfälle hinnehmen. Für das höhere Risiko wurden höhere Renditen in Aussicht gestellt. Die anderen Tranchen des Wertpapierpakets wurden von Rating-Agenturen in AAA-Ratings, den höchsten Qualitätsbewertungen eingestuft. Rating-Agenturen sind darauf spezialisiert, die Qualität und vor allem die Sicherheit von Banken und Wertpapieren zu bewerten. Die Akteure an den Finanzmärkten machen deren Bewertungen zur Informationsgrundlage bei ihren Investmententscheidungen.

Die Verbriefung von Darlehensforderungen wurde meist von sogenannten Zweckgesellschaften (als Tochtergesellschaften von Banken) vorgenommen. Die Geschäfte dieser Gesellschaften wurden aus den Bankbilanzen ausgegliedert, daher unterlagen sie nicht der Bankenaufsicht. So konnten riskantere Geschäfte (z.B. mit geringerem Eigenkapital) getätigt werden, als dies für Banken zulässig ist.

Geringes Eigenkapital bedeutet, die Geschäfte mit viel Fremdkapital, also mit aufgenommenen Krediten zu betreiben. Damit können die Renditen für das selbst eingesetzte Kapital (Eigenkapital) hochgehebelt werden (Leverage-Effekt). Beispiel: Man verleiht 100 Euro zu 5 % Zinsen, setzt aber nur 10 Euro eigenes

Geld ein. 90 Euro borgt man sich zu 4 % Zinsen. Dafür muss man 3,60 Euro im Jahr zahlen. Aus dem vergebenen Darlehen bekommt man 5 Euro Zinsen im Jahr, Differenz: 1,40 Euro. Das bedeutet 1,40 Euro ist der jährliche Gewinn für 10 Euro Eigenkapital. Das ist eine Eigenkapitalverzinsung von 14 %. Solche Kredithebel bringen so lange Gewinne, wie die Rendite aus einer Geldanlage höher ist als die Zinsen, die man für geliehenes Geld (Fremdkapital) zahlen muss. Und natürlich ist das Geschäft auch nur so lange einträglich, wie der Wert der Geldanlage erhalten bleibt. Sollten Zinsen für Fremdmittel höher werden als die Zinseinnahmen der Geldanlage, so kehrt sich die Wirkung des Kredithebels um, und es kommt zu hochgehebelten Verlusten. Ähnliche Hebelwirkungen für Gewinne und Verluste zeigen sich bei spekulativen Geldanlagen. Mit Krediten lassen sich Renditen im Fall von Wertsteigerungen hochhebeln. Bei Werteinbrüchen werden Verluste hochgehebelt.

Im Jahre 2007 nahmen Zahlungsrückstände und Fälle von Zahlungsunfähigkeit bei Hypothekenkrediten in den USA spürbar zu. Die Zahl der Verkäufe und Zwangsversteigerungen von Wohnimmobilien wuchs. Die jahrelange Phase der Preissteigerungen am Immobilienmarkt endete, die Preise begannen zu sinken, die Spekulationsblase war geplatzt. Auf Immobilien basierende Papiere fanden weltweit keine Abnehmer mehr. Da vor allem viele Zweckgesellschaften ihre Beteiligungen an der (langfristigen) Finanzierung von Hypothekenkrediten mit dem Verkauf kurzzeitig laufender Wertpapiere finanziert hatten (sogenannte Fristentransformation), gerieten diese in Liquiditätsengpässe, da sie keine Käufer für neue Kurzfristpapiere (notwendige Anschlussfinanzierung) fanden.

Nun gerieten auch die Banken, denen die Zweckgesellschaften gehörten, in Schwierigkeiten, da sie die Liquiditätsprobleme und die Verluste ihrer Töchter ausgleichen mussten. Außerdem besaßen viele Banken selbst große Mengen von Wertpapieren, die auf dem US-Hypothekenmarkt basierten. Diese Papiere waren nun vor allem deswegen unverkäuflich und daher weitgehend wertlos, weil wegen der unübersichtlichen Konstruktion der Wertpapiere oft nicht erkennbar war, wie viele Risiken aus Subprime-Hypotheken in ihnen enthalten waren. Wie sich später herausstellte, haben viele Banker die Konstruktionen der massenhaft gekauften und verkauften sogenannten innovativen Finanzprodukte nicht durchschaut. Sie haben sich dabei auf die Urteile von privaten Rating-Agenturen verlassen, die aus Unwissenheit und/oder Interessenverquickung eklatant falsche (zu gute) Bewertungen von höchst riskant operierenden Banken und den von diesen angebotenen Wertpapieren (z.B. Zertifikate der dann 2008 insolvent gewordenen Bank Lehman-Brothers) abgaben.

Vor allem in den USA mussten viele kleinere Banken Insolvenz anmelden. Große Banken und Versicherungen mussten vom Staat gestützt werden, indem er für sie Bürgschaften übernahm oder die Unternehmen wurden ganz oder teilweise verstaatlicht. Die verbleibenden Banken stellten den Geldhandel untereinander (Interbankengeldmarkt) ein. In normalen Zeiten ist das Geldmarktgeschäft zwischen den Banken wichtig für die Sicherung kurzfristiger Bankenliquidität. Banken leihen sich gegenseitig Geld, um so kurzfristige Liquiditätsengpässe zu überbrücken. Die Unsicherheit darüber, wie groß der Umfang wertloser, sogenannter toxischer (vergifteter) Wertpapiere in den Bilanzen der anderen Banken war, schürte Misstrauen und hinderte nun Banken daran, anderen Instituten ihr zeitweise überschüssiges Geld, z.B. aus Kundeneinlagen, auszuleihen. In dieser Situation entsteht die Gefahr, dass die Banken ihre Kreditvergabe an realwirtschaftliche Unternehmen drosseln (Kreditklemme). Das kann z.B. Produktionsunternehmen, die an sich solide finanziert sind und lediglich kurzfristige Überbrückungskredite brauchen, in die Illiquidität und in die Insolvenz treiben. So kann dann die Bankenkrise auf die Realwirtschaft übergreifen. Als letzte Retter mussten nun in vielen Ländern die Notenbanken aushelfen, die die Geschäftsbanken kurzfristig leihweise in großem Umfang mit Geld versorgten. Diese müssen dafür Sicherheiten hinterlegen und (zumeist) Zinsen zahlen.

5.2 Weitere Schauplätze der Finanzmarktspekulation

Der Handel mit Ansprüchen aus Krediten betraf nicht nur den Immobilienbereich, sondern z.B. auch Autokredite und Kreditkartenkredite, wo ebenfalls beträchtliche Ausfälle entstanden, die sich im Verlauf des Wirtschaftsabschwungs noch verstärkten. Neben dem US-amerikanischen Hypothekenmarkt gab es viele weitere Geschäftsfelder der Finanzwirtschaft, auf denen riskante und spekulative Investments ab 2007 zu Einbrüchen geführt haben. Dazu gehören beispielsweise: die Aktienbörsen, Spekulationen auf Rohstoffmärkten (einschließlich Erdöl), sogenannte Fristentransformation auf Kreditmärkten, die Geschäfte von Hedgefonds und Unternehmenskäufe durch Private-Equity-Gesellschaften.

An den Aktienbörsen der Welt erlebte man 2007 und 2008 massive Kurseinbrüche. Die Kurse der US-Aktien gingen in diesen Jahren um mehr als 40 % zurück. Der DAX, der Deutsche Aktienindex, der Kursbewegungen und damit die Entwicklung des Börsenwertes der 30 größten deutschen Aktiengesellschaften widerspiegelt, ging von einem Stand von 8000 im Sommer 2007 auf etwa 4300 Anfang 2009 zurück, ein Wertverlust von mehr als 45 %. Diesem Crash war ein Anstieg des DAX von 2000 im Jahre 2003 auf 8000 (2007) vorausgegangen. Die Kurssteigerungen waren zu einem Teil durch die Wert- und Gewinnentwicklung der Aktiengesellschaften gerechtfertigt. Zum Teil waren diese Kurse jedoch auch spekulativ aufgebläht. Spekulative Kurssteigerungen haben eine Eigendynamik, die allein aus der Erwartung weiterer Kurssteigerungen genährt wird. Aktienkäufer hoffen Gewinne zu machen, indem sie Aktien teurer verkaufen als zum Ankaufskurs. Solange weitere Kurssteigerungen erwartet werden, übersteigt die Nachfrage nach Aktien – in großem Umfang auch kreditfinanziert – das Angebot und die Kurse steigen tatsächlich. Der typische Fall einer sich selbst verwirklichenden Prophezeiung. Der allgemeine Kursanstieg kehrt sich in dem Augenblick um, wenn keine weiteren Steigerungen erwartet werden. Dann wollen viele Aktienbesitzer schnell verkaufen, um ihre Kursgewinne zu realisieren, es entsteht ein Überangebot, die Kurse fallen. Die Abwärtsbewegung kann ebenfalls eine Eigendynamik bekommen. Erwartete Verringerungen der Aktienkurse führen tatsächlich zu einem Fallen der Kurse wegen zunehmender Aktienverkäufe, denen ein verringertes Kaufinteresse gegenübersteht. Auch um Kredite zurückzahlen zu können, müssen Aktien verkauft werden. Der Crash auf den Aktienmärkten steht auch in Beziehung zur Subprimekrise und der beschriebenen Kreditklemme auf den Geldmärkten. Banken und Investmentgesellschaften mussten Wertpapiere, dabei auch Aktien, verkaufen, um sich Liquidität zu beschaffen. Dadurch wurde das Angebot an Aktien weiter vergrößert, was zusätzlich die Aktienkurse drückte.

Rohstoffmärkte: Die Märkte für Rohstoffe (Erdöl, landwirtschaftliche Produkte, Metalle) sind heute nicht mehr nur abhängig vom Verhältnis zwischen dem Angebot der Hersteller und der Nachfrage für die reale Verwendung (bei Metallen z.B. die industrielle Verarbeitung). Diese Märkte sind heute weitgehend Teil der internationalen Finanzmärkte und Schauplätze für Spekulationen in großem Maßstab. Hier haben sich bis zum Sommer 2008 ebenfalls gigantische Spekulationsblasen gebildet. Der Rohölpreis hat sich von 2002 bis zu seinem Höchststand im Sommer 2008 (130 Dollar für ein Barrel) verfünffacht. Bis Februar 2009 ist der Preis auf 40 Dollar pro Barrel eingebrochen. Allein dieser Preisrückgang macht das Ausmaß der Spekulation deutlich, denn unter die Herstellkosten wird der Ölpreis kaum sinken. Ähnliche Spekulationsblasen hat es bei fast allen anderen Rohstoffen gegeben. Die Weltmarktpreise für die Grundnahrungsmittel Reis und Weizen zum Beispiel haben sich im Jahre 2007 jeweils etwa verdoppelt mit verheerenden Folgen für die Ernährung armer Bevölkerungsgruppen auf der ganzen Welt.

Wie werden die Spekulationsgeschäfte an den Rohstoffmärkten betrieben? Aktien kann man heute kaufen und in (z.B.) drei Monaten, wenn die Kurse gestiegen sind, mit Gewinn verkaufen. Erdöl und andere Rohstoffe kann man nicht im Bankdepot lagern. Sie werden heute zu einem späteren Termin gekauft (Termingeschäft). Man vereinbart vertragsmäßig heute einen Preis für eine Warenmenge, die man in (z.B.) drei Monaten abnimmt in der Erwartung, die Waren dann zu einem höheren Preis weiterverkaufen zu können. Die allgemeine Erwartung steigender Rohstoffpreise führt zu vermehrten spekulativen Käufen, und dadurch steigen die Preise aufgrund der hohen Nachfrage tatsächlich. Die gleiche sich selbst erfüllende Erwartung wie an Aktienbörsen. In den Jahren vor 2008 waren die Rohstoffpreise und vor allem der Preis für Erdöl mit Hinweis auf die große Dynamik der Megavolkswirtschaft Chinas und deren stark wachsenden Rohstoffbedarf gestiegen. Die ab 2008 einsetzende Weltwirtschaftskrise und die Erwartung, dass dadurch der Rohstoffbedarf sinken könnte, ließ die Spekulationsblase platzen.

Fristentransformation: Diese wurde in großem Maßstab in der Hypo-Real-Estate-Bankengruppe (HRE) betrieben. Die HRE musste bis Ende 2009 mit etwa 100 Mrd. Euro staatlichen Hilfen und Garantien und schließlich durch die Verstaatlichung vor der Insolvenz gerettet werden, um, wie man meinte, einen Zusammenbruch des Banken- und Finanzsystems zu verhindern. Neben Geschäften mit US-Hypothekenpapieren war die Fristentransformation eine besonders riskante Geschäftspraxis der HRE-Gruppe. Dabei gibt die Bank langfristige Kredite z.B. an den Staat und finanziert diese mit am Geldmarkt aufgenommenen kurzfristigen Krediten. Nach z.B. drei Monaten müssen diese Kredite zurückgezahlt werden. Dazu nimmt die Bank neue Kredite auf. Da Zinsen für kurzfristige Kredite normalerweise niedriger sind als Zinsen für Langfristkredite, ist diese Fristentransformation ein gutes Geschäft. Allerdings, sie ist höchst riskant und widerspricht Regeln für seriöse Bankgeschäfte, wenn der Umfang dieser Geschäfte zu groß ist. In der Finanzkrise wurde dies der HRE zum Verhängnis, weil sie keine kreditgebenden anderen Banken für ihre Kreditwünsche mehr fand.

Hedgefonds: Eine besondere Rolle auf den Finanzmärkten spielen die Hedgefonds. Das sind Kapitalsammenstellen, die dem breiten Publikum nicht zugänglich sind. Sie erhalten ihre

Mittel von vermögenden Privatpersonen und institutionellen Investoren (Pensionskassen, Stiftungen, Banken) und unterliegen bisher (Anfang 2010) nicht der staatlichen Regulierung wie z.B. Investmentfonds, deren Anteile vom breiten Publikum erworben werden können. Hedgefonds streben hohe Renditen mit relativ riskanten Geschäften auf den Finanzmärkten an, bei denen mit großen Kreditanteilen operiert wird. Bei steigenden Kursen/Preisen wird so die Rendite hochgehebelt (Leverage). Bei fallenden Kursen/Preisen verstärken sich Verluste. Weltweit brachen in der jüngsten Finanzkrise viele Hedgefonds zusammen.

Private-Equity-Gesellschaften (PEG) sind Kapitalbeteiligungsgesellschaften, die zumeist institutionellen Anlegern (z.B. Banken, Investmentfonds) gehören. Beteiligungen an den PEG werden nicht an Börsen gehandelt und unterliegen keiner Banken- und Börsenaufsicht. Eine verbreitete Geschäftspraxis von PEG besteht darin, ganze Unternehmen zu kaufen. Dies geschieht meist mit einem großen Kredithebel, d.h. mit relativ geringem Eigenkapital. Die kurzfristigen Kredite, die die PEG aufnimmt, werden dann abgelöst, indem das aufgekaufte Unternehmen zusätzliche Kredite bei Banken aufnimmt und damit quasi die Schulden der PEG ablöst. Außerdem werden hohe Gewinne an die PEG abgeführt. Beides schmälert die Eigenkapitalbasis des gekauften Unternehmens, was im Wirtschaftsabschwung für dieses schnell zu Liquiditätsproblemen führen kann und in einigen Fällen auch führte. Private-Equity-Gesellschaften werden in der Öffentlichkeit häufig als „Heuschrecken" bezeichnet, da sie die gekauften Unternehmen oft nach wenigen Jahren weiterverkaufen.

Die Weltfinanzkrise ab 2007 war vor allem deshalb so tiefgreifend, weil nicht nur ein einzelnes Marktsegment betroffen war, z.B. der Aktienmarkt, sondern es sind gleich mehrere Spekulationsblasen geplatzt. Als Folge der Finanzkrise entstanden hohe Verluste insbesondere durch Verbriefungspapiere. Im September 2009 schätzte der Internationale Währungsfonds (IWF) den Abschreibungsbedarf allein der Banken weltweit für die Zeit von 2007 bis 2010 auf etwa zwei Billionen Euro (SVR 2009, Tabelle

19). Dabei sind Verluste der Versicherungswirtschaft und privater Anleger sowie die Wohlstandseinbußen aus der starken Rezession nicht mitgezählt. Zum Abschätzen der Größenordnung: das Bruttoinlandsprodukt Deutschlands (als viertgrößter Volkswirtschaft der Welt) belief sich 2009 auf etwa 2,4 Billionen Euro.

Fasst man die in der wissenschaftlichen und in der allgemeinen öffentlichen Diskussion immer wieder genannten Ursachen der Finanzkrise ab 2007 zusammen, so kann man unterscheiden zwischen solchen Faktoren, die die Subprimekrise (als Auslöser der globalen Finanzkrise) betreffen, und solchen, die man als Gründe für die gesamte Krise der Weltfinanzmärkte ansehen kann.

Die Subprimekrise lässt sich durch folgende Stichworte charakterisieren:

- Niedrige US-Zinsen als Anreiz, um Hypotheken- und Konsumentenkredite großzügig auszuweiten.
- Vergabe von Hypothekendarlehen an wenig kreditwürdige Schuldner (Subprime-Kredite).
- Verbriefung, Strukturierung und weltweiter Weiterverkauf von Wertpapieren, die auf Ansprüchen gegen Hypothekenkreditschuldner in den USA basierten.
- Banken betreiben Geschäfte mithilfe von „Zweckgesellschaften", mit denen die Bankenaufsicht umgangen wird.
- Fristentransformation und Kredithebel (Leverage) erhöhen das Risiko.
- Versagen von Rating-Agenturen bei der realistischen Bewertung von Wertpapieren.
- Unübersichtlichkeit komplexer, strukturierter Finanzprodukte, deren Werte in den Bankbilanzen schwer abzuschätzen sind, sodass ein allgemeines Misstrauen unter den Banken herrscht und der Interbankengeldhandel, der Grundlage für eine reibungslose Kreditvergabe der Banken ist, dadurch austrocknet.

Darüber hinaus werden weitere allgemeine strukturelle Probleme der Weltfinanzmärkte gesehen:

- Deregulierung der Finanzmärkte: seit den 1970er Jahren

Übergang von festen zu freischwankenden Wechselkursen, Einführung des freien weltweiten Kapital- und Devisenverkehrs, Lockerung und zum Teil Fehlen nationaler Vorschriften zur Begrenzung von Risiken in der Finanzwirtschaft. Dort wo nationale Regulierungen bestehen, können sie durch den freien internationalen Kapitalverkehr umgangen werden (Offshore-Standorte, Steueroasen). Die allgemeine Liberalisierung der Finanzmärkte war vorherrschendes ordnungspolitisches Ziel und entsprach den Interessen der Privatwirtschaft.

- „Gier": Renditevorstellungen der Unternehmen hatten sich immer höher geschraubt (25 % Eigenkapitalrendite von Deutsche Bank-Chef Ackermann als Ziel formuliert). Die Vergütungssysteme für die Manager der Wirtschaft (Bonuszahlungen) waren zunehmend an kurzfristigen Erfolgen orientiert. Das fördert die Suche nach spekulativen, risikoreichen und daher (solange es gut geht) besonders gewinnträchtigen Geschäften (Kasino-Kapitalismus).
- Ungleiche Einkommensverteilung: Durch die Umverteilung der Einkommen von unten nach oben seit den 1980er Jahren fließen immer größere Teile des Volkseinkommens nicht in den Konsum, sondern in die Märkte für Finanzinvestitionen (Hickel 2007, Huffschmid 2007, für den Crash von 1929: Galbraith 2005).
- Privatisierung der Altersvorsorge: Die relative Einschränkung umlagefinanzierter staatlicher Rentensysteme (die jeweils Arbeitenden finanzieren die Renten der Alten) und Ersetzung durch privates Ansparen bei Banken und Versicherungen. Dadurch suchen immer mehr Gelder Anlage in den Finanzmärkten (Huffschmid 2008).
- US-Schulden: Durch die hohe Verschuldung der USA in der übrigen Welt als Folge jahrzehntelanger US-Leistungsbilanzdefizite (Wareneinfuhren auf Kredit) und die Bereitschaft anderer Länder, Devisenreserven in US-Dollar zu halten (z.B. in der Form von US-Regierungsanleihen), ist ein gigantisches Ungleichgewicht in der Weltwirtschaft entstanden, das als

Risiko für die Weltfinanzmärkte angesehen wird (Otte 2008, Sinn 2009, S. 32 ff.).

5.3 Der Staat als Retter und Regulierer

Über mehrere Jahrzehnte beherrschte marktliberales Denken weltweit die Vorstellungen über das Verhältnis von Markt und Staat. Nicht nur freie Warenmärkte, sondern auch möglichst freie Finanzmärkte würden den allgemeinen Wohlstand mehren. Unterstützt durch die Lobby der Finanzwirtschaft wurden die Finanzmärkte dereguliert oder man verzichtete auf staatliche Regulierungen dort, wo durch neue Praktiken der Finanzwirtschaft dies erforderlich gewesen wäre. In der Finanzkrise musste dann der Staat in vielen Ländern mit gewaltigen Hilfsprogrammen eingreifen, um eine weitere Ausbreitung der wirtschaftlichen Katastrophe zu begrenzen. Selbst die Banker glaubten in dieser Situation nicht daran, dass die Probleme allein mit Hilfe der Marktkräfte gelöst werden könnten.

In den USA, dem Herd der Finanzkrise und (noch immer) dem Kernland der globalen Ökonomie, wurde der Staat bald nach Ausbruch der Finanzkrise im Sommer 2007 tätig, um die Finanzwirtschaft vor dem totalen Absturz zu retten. Finanzinstitute, die mit Hypothekenfinanzierung zu tun hatten, und Investmentbanken, die mit Wertpapieren Geschäfte machten, die auf dem US-Immobilienmarkt basierten, mussten hohe Abschreibungen vornehmen, machten Verluste und gerieten in Liquiditätsschwierigkeiten. Die amerikanische Notenbank stellte den Geschäftsbanken zusätzliche Kredite zu Verfügung und senkte die Zinsen für diese Kredite. Die US-Regierung stützte Banken und Versicherungen mit Bürgschaften und Kapitalhilfen, förderte Fusionen und verstaatlichte einzelne Institute. Nachdem allerdings der viertgrößten Investmentbank der USA, Lehman-Brothers, staatliche Hilfe versagt wurde, und diese daraufhin insolvent wurde, spitzte sich die Finanzkrise im Herbst 2008 weltweit zu. Daraufhin legte die US-Regierung einen Rettungsfonds für die Finanzwirtschaft im Umfang von 700 Milliarden US-Dollar auf.

Auch deutsche Banken haben sich in großem Maßstab an den Spekulationen mit Wertpapieren, die auf dem US-Hypothekenmarkt basierten, als Händler oder auf eigene Rechnung beteiligt. Auch sie mussten ab 2007 hohe Abschreibungen und Verluste verbuchen und bekamen Liquiditätsprobleme. Private Banken wie die IKB und die Hypo Real Estate (HRE) und (staatliche) Landesbanken mussten mit Steuergeldern gerettet oder gestützt werden. Man wollte diese Banken nicht in die Insolvenz abstürzen lassen, weil man einen Domino-Effekt für das gesamte Finanzsystem befürchtete. Man spricht von „systemrelevanten" Banken („too big to fail" = zu groß, um sie Bankrott gehen zu lassen).

Als sich nach dem Lehman-Konkurs (Herbst 2008) die Finanzkrise zuspitzte, begleitet von einem Absturz der Kurse an den Aktienbörsen, gab die deutsche Bundeskanzlerin eine (politische und nicht gesetzlich verbindliche) Garantie für alle Bankguthaben von Privatpersonen ab. Um den befürchteten Kollaps des Finanzsystems zu verhindern, spannte die Bundesregierung einen Rettungsschirm für die Finanzinstitute im Umfang von 480 Milliarden Euro auf, den „Sonderfonds Finanzmarktstabilisierung", kurz: Soffin. Der Fonds kann Banken stützen durch:

- Garantien für Kredite, die Banken aufnehmen, um kurzfristig ihre Liquidität zu gewährleisten,
- Kapitalbeteiligungen an Banken, um eine ausreichende Eigenkapitalbasis zu sichern,
- Übernahme von Risikopapieren (toxische Wertpapiere), die die Banken jedoch nach spätestens 36 Monaten zurücknehmen müssen.

Eine bisher ungewöhnliche Strategie staatlicher Hilfe für die Finanzwirtschaft ist die Verstaatlichung von Finanzinstituten, wie sie im Jahr 2008 in den USA und in Großbritannien mehrfach angewandt wurde, um die Insolvenz großer Institute abzuwenden. In Deutschland wurde für die Verstaatlichung der Hypo Real Estate eigens ein Gesetz, das „Rettungsübernahmegesetz" beschlossen. Damit wurde die Möglichkeit geschaffen, Aktionäre dieser Bank zu enteignen, da diese darauf spekulieren können, dass durch die staatliche Rettung quasi insolventer Banken ihre aktuell wertlosen Aktien wieder an Wert gewinnen. Die Verstaatlichung von Banken wird im Allgemeinen nur als letzter Ausweg verstanden, um Banken zu retten, und sie ist auch nur auf Zeit gedacht unter anderem, um staatliche Kontrolle über die Verwendung der aus Steuern finanzierten Hilfsmaßnahmen zu sichern. Sie wird im Jahre 2009 von vielen, auch neoliberal orientierten Ökonomen gefordert. Mit einer Bilanzsumme von 400 Milliarden Euro galt die HRE als systemwichtig und sollte erhalten werden. Die HRE ist bis Ende 2009 mit über 100 Milliarden Euro gestützt worden. Der größte Teil davon besteht aus Garantien, die, wie man hofft, nicht zu tatsächlichen Ausgaben des Staates führen. Die Verstaatlichung soll meist die Sanierung der Institute ermöglichen, um sie später wieder zu verkaufen. Es wird aber (in anderen Fällen) auch das Konzept erwogen, Banken zu verstaatlichen mit dem Ziel, sie abzuwickeln, falls keine Aussicht besteht, sie zu sanieren.

Noch im Jahr 2009 sind die Bilanzen vieler Banken in großem, zum Teil nicht überschaubarem Umfang mit faulen Papieren belastet, da diese möglicherweise noch immer nicht zu realistischen Werten ausgewiesen sind. Daher sind, wie befürchtet wird, weiterhin Abschreibungen/Wertberichtigungen erforderlich, die die Solvenz von Instituten gefährden könnten. Um die Bankgeschäfte, vor allem den Geldhandel/Kredithandel, zwischen den Banken wieder zu normalisieren, werden häufig staatliche Bad Banks (schlechte Banken) gefordert, die die faulen Wertpapiere ankaufen. Von Kritikern dieser Idee wird die Bewertung der anzukaufenden intransparenten toxischen Papiere als zu kompliziert angesehen. Die Bundesregierung hat sich im Frühjahr 2009 für ein Konzept mit dezentralen Bad Banks entschieden, die die einzelnen Banken gründen können, um ihre risikobehafteten Wertpapiere auf diese zu übertragen. Im Gegenzug erhalten die Banken von ihren Bad Banks Schuldverschreibungen, für die der

Staat über den Bankenrettungsfonds Soffin garantiert. Hierfür müssen die Banken Gebühren bezahlen und für Verluste, die dem Soffin aus der Garantie entstehen, langfristig aufkommen. Die Entlastung von den faulen Papieren soll den Banken wieder Spielraum für Kreditvergabe schaffen. Die erste Bad Bank wurde in Deutschland Ende 2009 durch die Westdeutsche Landesbank gegründet.

Die wichtigsten staatlichen Maßnahmen, die zur Rettung der Finanzwirtschaft in den Jahren von 2007 bis 2009 ergriffen wurden, kann man zusammenfassen:

- Die Notenbanken versorgten die Geschäftsbanken, nachdem der Interbankengeldhandel zum Erliegen gekommen war, mit zusätzlicher Liquidität. Für die Zentralbankkredite an die Geschäftsbanken müssen diese erstklassige Sicherheiten (z.B. Staatsanleihen) hinterlegen und müssen Zinsen zahlen. Die Leitzinsen der Notenbanken wurden kräftig gesenkt.
- Staatliche Garantien für die Bankguthaben von Privatpersonen (Bundeskanzlerin im Herbst 2008).
- Garantien/Bürgschaften des Staates (z.B. Soffin) für Kredite, die Banken zur Sicherung ihrer Liquidität aufnehmen.
- Kapitalbeteiligungen an Banken (z.B. über Soffin), um eine ausreichende Eigenkapitalbasis von Banken zu sichern.
- Verstaatlichung von Banken: Das ist in den USA und in Großbritannien mehrfach geschehen, in Deutschland wurde bisher (Anfang 2010) nur die HRE vollständig verstaatlicht.
- Unterstützung von Bad Banks, in die die Banken ihre faulen Wertpapiere auslagern können.

Die Hilfsprogramme für die Banken mit Garantien und direkten Finanzleistungen in den Jahren 2008 und 2009, die die Regierungen weltweit beschlossen, summieren sich auf über 4 Billionen Euro (Sinn 2009, S. 211 f.). Diese Hilfen animieren die Akteure der Finanzwirtschaft dazu, auch weiterhin hohe Gewinne mit spekulativen Geschäften zu suchen, die immer auch mit höheren Risiken verbunden sind. Für die Zukunft schaffen diese staatlichen Hilfspakete die Gefahr des „moral hazard“ (moralisches Risiko).

Das ist der Anreiz, Risiken (in diesem Fall auf den Finanzmärkten) einzugehen, für deren Folgen letztlich die Akteure nicht einstehen, die vielmehr auf andere oder auf die Allgemeinheit abgewälzt werden (Externalisierung von Kosten). Während Gewinne, solange es gut geht, privatisiert werden, müssen die Verluste dann sozialisiert werden. Um diese Gefahr zu verringern, wird eine grundlegende Reform des Finanzsektors gefordert.

Für eine Neuordnung der Finanzmärkte gibt es eine Fülle von zum Teil weit auseinanderdriftenden Vorschlägen, die von verschärften Vorschriften, intensiverer staatlicher Aufsicht, Besteuerung von Finanztransaktionen bis hin zu Verboten bestimmter Geschäfte reichen. Hier einige viel diskutierte Elemente einer möglichen Neuordnung:

- Schaffung größerer Transparenz auf den Finanzmärkten: Private Rating-Agenturen sollen staatlich kontrolliert werden und/oder durch staatliche Agenturen ergänzt werden. Bewertungsregeln für komplexe Finanzprodukte, Standardisierung solcher Wertpapiere und staatliche Zulassungen (Zertifizierungen) werden gefordert.
- Eigenkapitalanforderungen für die Banken sollen erhöht werden und ausgeweitet werden auf „Schattenbanken“ (z.B. Zweckgesellschaften, Hedgefonds). Dabei müssen, wie es die internationale Vereinbarung „Basel II“ in der Tendenz vorsieht, die eingegangenen Risiken der Banken stärker berücksichtigt werden. Darüber hinaus sollten auch Liquiditätsanforderungen an die Banken formuliert werden (Problem der Fristentransformation).
- Vergütungssysteme für Manager sollen nicht länger primär an kurzfristig erwirtschafteten Gewinnen („schnelles Geld“) orientiert werden, sondern sollen an nachhaltige Unternehmenserfolge gebunden werden. Auch persönliche Haftung für Misserfolge wird gefordert.
- Offshore-Zentren: Finanzgeschäfte wurden verstärkt in sogenannte Offshore-Standorte verlagert, die nur eingeschränkt (nationaler) staatlicher Rechtshoheit unterliegen. So werden

staatliche Regulierungen und Kontrollen von Finanzmarktgeschäften umgangen. Außerdem bieten die Offshore-Zentren Chancen, sich nationaler Besteuerung zu entziehen (Steueroasen). Soweit diese Standorte nicht geschlossen werden, könnten die Geschäftsbeziehungen mit diesen Zentren (z.B. Banküberweisungen) kontrolliert und auch verhindert werden.

- Umsatzbesteuerung von Finanztransaktionen: Dieser Vorschlag ist im Kern der Gründungsgedanke des globalisierungskritischen Netzwerks Attac. Eine solche Steuer (oft als Tobin-Steuer bezeichnet) soll einen Teil der Spekulationsgeschäfte uninteressant machen, da es bei vielen spekulativen Transaktionen um große Geldeinsätze geht, mit denen Gewinne gemacht werden auf der Grundlage sehr kleiner Kurs-, Preis- und Zinsdifferenzen. Eine Börsenumsatzsteuer wurde in Deutschland 1991 abgeschafft. Sowohl die Politik als auch die Wirtschaft haben Steuern dieser Art in der Vergangenheit mehrheitlich abgelehnt. Anfang 2009 setzte sich der deutsche Finanzminister Steinbrück für die Einführung einer Steuer auf Finanztransaktionen ein. Kanzlerin Merkel vertrat diese Forderung ebenfalls. In diesem Zusammenhang hört man auch die Begründung, man könne so die Finanzwirtschaft veranlassen einen Teil der öffentlichen Lasten der Finanzkrise zu übernehmen.
- Verbote bestimmter Geschäfte (z.B. sogenannter Leerverkäufe, mit denen auf sinkende Kurse oder Preise spekuliert wird).
- Verstaatlichung von Banken.
- Internationale Zusammenarbeit: Damit die meisten der genannten Forderungen wirksam umgesetzt werden können, ist eine internationale Zusammenarbeit unerlässlich. Im Zeitalter der Globalisierung mit weltweit freiem internationalem Geld- und Kapitalverkehr sind nationale Regulierungen nur begrenzt wirksam, da sie von Finanzinstituten durch Ausweichen auf Standorte mit geringerer oder ohne staatliche Regulierung („Regulierungsarbitrage“) umgangen werden können.

Das kaum fassbare Ausmaß der Finanzkrise hat neue internationale Initiativen in Gang gesetzt, so die Weltfinanzgipfel der

G 20-Staats- und Regierungschefs im Herbst 2008 (Washington), im April 2009 (London) und im September 2009 (Pittsburgh). G 20 ist ein informelles Forum, das die Regierungen der 20 wichtigsten Wirtschaftsländer bilden. Außer den bedeutendsten Industrieländern gehören zur G 20-Gruppe insbesondere die größten Schwellenländer (China, Indien, Brasilien). Die Regierungen der Mitgliedsländer verstehen die G 20-Gipfel als informelles Koordinationsgremium der Weltwirtschaft. Beim Gipfel in Pittsburgh wurden vor allem Beschlüsse für die Weltfinanzmärkte gefasst:

- Eigenkapitalanforderungen für Banken sollen erhöht werden, um damit Risiken (Liquiditätsengpässe) zu beschränken.
- Bonuszahlungen für Bankmanager sollen an nachhaltigen (längerfristigen) Erfolgen und weniger an hohen Renditen durch kurzfristige Risikoanlagen orientiert werden. Misserfolge sollen durch Abzüge bestraft werden.
- Ungleichgewichte in der Weltwirtschaft (hohe Exportüberschüsse der einen Länder und Leistungsbilanzdefizite anderer) sollen abgebaut werden.
- Das Financial Stability Board (FSB), ein Gremium insbesondere der G 20-Länder, soll ein Konzept mit Maßnahmen zur laufenden Finanzmarktaufsicht und zu Eigenkapital- und Liquiditätsanforderungen für Finanzinstitute ausarbeiten. Ende 2010 sollen die Vorschläge vorliegen. Ab Ende 2012 sollen die neuen Regeln festgelegt werden (Deutsche Bundesbank 2009).

Die zu erwartenden Regulierungen der Finanzmärkte werden sich darauf konzentrieren, für große und global vernetzte Banken höhere Eigenkapitalanforderungen (Risikopuffer) und weitere Vorkehrungen zu schaffen, damit die Eigentümer und Gläubiger der Banken die Geschäftsrisiken tragen. Man wird insbesondere versuchen, das Too-Big-to-Fail-Problem, also das Problem, dass der Staat systemwichtige Banken nicht Bankrott gehen lässt (Gefahr des Dominoeffekts) zu lösen, um nicht falsche Anreize für riskante Geschäfte zu schaffen, weil der Staat notfalls hilft.

5.4 Die neue Weltwirtschaftskrise

Durch den Ausbruch der Weltfinanzkrise im Jahre 2007 ist die heftigste weltweite Wirtschaftskrise seit den 1930er Jahre ausgelöst worden. Ähnlich wie 1929 zeigten sich 2007 in mehreren Ländern bereits Tendenzen zu einem (normalen) konjunkturellen Abschwung. Die Finanzkrise in ihren bisher nicht erlebten Dimensionen und die sich schnell ausbreitenden negativen Erwartungen verstärkten den globalen Einbruch der Realwirtschaft. Diskussionen über die Frage, ob der Staat in Rezessionen keynesianische Konjunkturpolitik betreiben soll oder die Wirtschaft den Selbstheilungskräften des Marktes überlassen und zusätzlich Angebotspolitik betreiben sollte, sind im Jahre 2008 plötzlich verstummt. Es wurden auf eine Weise, die allgemein als „pragmatisch" bezeichnet wurde, von allen Seiten staatliche Stabilisierungsmaßnahmen gefordert, und die Regierungen wurden nicht nur zu Rettern von Banken und produzierenden Unternehmen, sondern legten auch milliardenschwere Konjunkturprogramme zur Stützung der gesamtwirtschaftlichen Nachfrage auf. Dabei wurde zwar immer wieder das Problem eines gewaltigen Anstiegs der Staatsverschuldung benannt, aber zunächst kaum als Hindernis für den am Keynesianismus orientierten praktizierten Staatsinterventionismus geltend gemacht.

Spätestens in der zweiten Jahreshälfte 2007 wurde allgemein wahrgenommen, dass sich ausgehend von den USA eine Finanzkrise ausbreitete. Nicht nur in den USA, sondern auch in Deutschland waren Banken in Schwierigkeiten geraten (IKB, Sachsen LB). In Deutschland hoffte man noch, dass die Finanzkrise nicht auf die Realwirtschaft übergreifen würde. Noch in der ersten Hälfte des Jahres 2008 hatte man die Hoffnung, mit einer damals robust erscheinenden Konjunktur den weltweiten Abwärtsbewegungen trotzen zu können. Das BIP wuchs zunächst noch und die Auftragslage war noch gut. Der Staat erreichte konjunkturbedingt einen fast ausgeglichenen Haushalt. Der Arbeitsmarkt zeigte das ganze Jahr über noch eine sehr günstige

Entwicklung: Man zählte 40,4 Millionen Erwerbstätige, so viele wie nie zuvor. Auf drei Millionen sank die Zahl der registrierten Arbeitslosen, ein Stand, wie er seit Anfang der 1990er Jahre nicht mehr erreicht worden war.

Die Vorstellung, man könnte in Deutschland glimpflich davonkommen, musste Illusion sein, insbesondere wegen der starken Außenverflechtung der deutschen Wirtschaft. Im Jahr 2008 war der Anteil der deutschen Ausfuhren von Waren und Dienstleistungen am BIP 48 % (Statistisches Bundesamt 2009a). Wichtige Wachstumsimpulse für die gute Konjunktur zwischen 2004 und 2007 kamen von der starken Steigerung der Exporte, genau genommen der Überschüsse der Exporte über die Importe (Außenbeitrag). Deutschland galt seit Jahren als „Exportweltmeister". Außerdem trug die Zunahme der Investitionen wesentlich zum Wirtschaftswachstum bei. Die gesamtwirtschaftliche Konsumnachfrage dagegen stagnierte zwischen 2003 und 2008; von dieser gingen keine Wachstumsimpulse aus (SVR 2008, Schaubild 39). Eine weltweite Wirtschaftskrise, wie sie sich 2008 ausbreitete, musste Deutschland unter diesen Bedingungen besonders heftig treffen. Im letzten Quartal 2008 gingen die deutschen Exporte dann um 5 % zurück.

Nach der Zuspitzung der Weltfinanzkrise im Herbst 2008 (Insolvenz der Lehman-Bank) zeigten sich in vielen Ländern deutliche Zeichen eines starken Konjunkturrückgangs. Der hohe Abschreibungsbedarf der Banken war nicht genau bestimmbar, neue Brandherde für das Weltfinanzsystem drohten aufzuflammen z.B. in Osteuropa. Die Kreditklemme dauerte an und wirkte hemmend auf die Realwirtschaft. Gleichzeitig drohten sich selbst verstärkende konjunkturelle Abwärtsspiralen in den einzelnen Volkswirtschaften: Nachfragerückgang z.B. bei den Exporten führt zu geringerer Produktion und Beschäftigung in den exportorientierten Branchen. Höhere Arbeitslosigkeit wirkt negativ auf die Konsumnachfrage (Angstsparen). Weitere Runden bei der Ansteckung der übrigen Wirtschaft schließen sich üblicherweise an. Es wurde immer wieder von dem Risiko einer allgemeinen

Deflation gesprochen. Gemeint ist damit die Gefahr, dass im Wirtschaftsabschwung ein Preissenkungswettlauf entsteht, der zusätzlich hemmend auf die Wirtschaft wirken kann, weil die potenziellen Nachfrager in der Hoffnung auf noch niedrigere Preise mit ihren Käufen zögern. Eine Deflation wirkt außerdem deswegen krisenverstärkend, weil Schulden von Unternehmen in vereinbarter Höhe getilgt werden müssen, während Verkaufserlöse aufgrund sinkender Preise zurückgehen.

Nach der Lehman-Insolvenz (September 2008) und der weltweit ausbrechenden Panik auf den Finanzmärkten sah man Parallelen zum Jahr 1929 (Börsenkrach in New York). Es wurde die Weltwirtschaftskrise der 1930er Jahre beschworen, in der von vielen Regierungen zunächst eine Haushaltspolitik im Sinne wirtschaftsliberaler Denkmuster betrieben wurde: Man senkte die Staatsausgaben, um sie den gesunkenen Steuereinnahmen anzupassen, was durch die Verringerung der staatlichen Nachfrage die Krise verschärfte. Eine solche Fiskalpolitik wird heute im Falle starker Rezessionen meist abgelehnt. Man bewertet die Tatsache, dass staatliche Ausgaben zu einem großen Teil durch Gesetze und Tarifverträge mittelfristig festgeschrieben sind, als positiv. Darin sieht man, wie in Abschnitt 2.5 angesprochen, automatische Stabilisatoren für die Konjunktur, insbesondere dann, wenn man gleichzeitig darauf verzichtet, die im Konjunkturabschwung sinkenden Steuereinnahmen durch Steuererhöhungen zu kompensieren, wenn man also ein Haushaltsdefizit in Kauf nimmt (SVR 2008, Ziffer 413 ff.). Außerdem wurden neben den staatlichen Maßnahmen von Notenbanken und Regierungen zur Stabilisierung der Finanzmärkte durch Liquiditätshilfen, Kapitalbeteiligungen und zum Teil durch Entlastung von faulen Wertpapieren ab 2008 fiskalpolitische (haushaltspolitische) Maßnahmen des Staates gefordert und schnell praktiziert.

Jahrzehntelang ist die Frage, ob der Staat in konjunkturellen Krisen antizyklische Haushaltspolitik betreiben solle, kontrovers beantwortet worden. Die Befürworter meinen, wenn durch zusätzliche gesamtwirtschaftliche Nachfrage der Abschwung gedämpft werden kann, dann könnten damit gesamtwirtschaftliche Verluste durch die Krise (Arbeitslosigkeit, Wohlstandseinbußen) verringert werden. Und wenn das Sozialprodukt nicht so stark zurückgeht, wirkt sich das auch günstig auf die Steuereinnahmen aus, und die krisenbedingte zusätzliche Staatsverschuldung kann dadurch abgemildert werden. Gegen eine antizyklische Haushaltspolitik wird immer wieder eingewandt, sie sei wenig wirksam, ja, sie wirke meist sogar prozyklisch, d.h. verstärke konjunkturelle Schwankungen. Das ist sicher dann der Fall, wenn die staatlichen Nachfrageimpulse mit zu großer Verzögerung zur Geltung kommen. Ohne ausschweifende ideologische Diskussionen wurden 2008 in vielen Ländern Konjunkturprogramme im Sinne einer keynesianischen antizyklischen Haushaltspolitik auf den Weg gebracht, um von staatlicher Seite her die gesamtwirtschaftliche Nachfrage zu stützen. Dabei wurde die zusätzliche Verschuldung des Staates (deficit spending) bewusst in Kauf genommen.

In den USA hatte Barack Obama bereits im Herbst 2008 in seinem Wahlkampf ein Konjunkturprogramm angekündigt. Als Vorbild wurde Präsident Roosevelts „New Deal“ in der Weltwirtschaftskrise der 1930er Jahre (Abschnitt 1.3) genannt. Unmittelbar zu Beginn der Amtszeit des neuen Präsidenten Anfang 2009 wurde ein Konjunkturprogramm im Umfang von etwa 800 Milliarden Dollar (mehr als 600 Milliarden Euro) beschlossen. Der Betrag entspricht etwa 5,5 % des US-amerikanischen BIP von 2008. Er muss durch zusätzliche Staatsverschuldung aufgebracht werden. Die staatlichen Hilfen für das Bankensystem sind in diesem Paket nicht enthalten. Mehr als ein Drittel des Konjunkturprogramms ist für Steuersenkungen vorgesehen, mit den übrigen Mitteln sollen vor allem Infrastrukturinvestitionen und Sozialleistungen (Krankenversicherung, Arbeitslosenunterstützung) finanziert werden. Man hoffte mit dem Programm vier Millionen Arbeitsplätze zu sichern oder neu zu schaffen.

In Deutschland wurden Ende 2008 und Anfang 2009 zwei Konjunkturprogramme beschlossen. Mit dem Konjunkturpaket I wurden nach Angaben der Bundesregierung 32 Milliarden Euro aus den öffentlichen Haushalten zur Verfügung gestellt, um die Konjunktur zu stützen. Die Mittel verteilen sich auf die Jahre 2009 und 2010. Das Maßnahmenpaket sah vor: Kreditvergünstigungen und Verbesserungen steuerlicher Abschreibungen für die Wirtschaft, zusätzliche Förderung von CO_2-Gebäudesanierung, Infrastrukturausgaben, Verlängerung der maximalen Bezugsdauer des Kurzarbeitergeldes von 6 auf 18 Monate (später auf 24 Monate). Die meisten Maßnahmen setzen auf indirekte Förderung der gesamtwirtschaftlichen Nachfrage. Nur zu einem geringen Teil wird direkt zusätzliche staatliche Nachfrage ausgeübt.

Im Februar 2009 wurde das Konjunkturpaket II beschlossen, für das ein Gesamtvolumen von etwa 50 Milliarden Euro angegeben wurde. Gut ein Drittel davon war für öffentliche Investitionen in Bildung und Infrastruktur vorgesehen. Diese Ausgaben bedeuten großenteils zusätzliche direkte gesamtwirtschaftliche Nachfrage, zumal hier bereits ausgearbeitete Planungen insbesondere bei den Kommunen kurzfristig realisiert werden können. Bei diesen Maßnahmen ist der konjunkturstützende Impuls am größten. Die weiteren Teile des Konjunkturpakets bestehen vor allem aus staatlichem Einnahmenverzicht durch Entlastungen bei Steuern und anderen Abgaben. Mit diesen Maßnahmen hofft man die private Nachfrage zu stimulieren. Sie wirken indirekt auf die gesamtwirtschaftliche Nachfrage. Die Konjunkturprogramme sehen auch Finanzmittel vor, um den sogenannten Deutschlandfonds mitzufinanzieren. Dieser ist mit 115 Milliarden Euro ausgestattet für Kredite und Bürgschaften, die von Unternehmen der Realwirtschaft zur Überbrückung von Liquiditätsengpässen beantragt werden können. Insgesamt bestehen die beiden Konjunkturprogramme außerdem aus einer Vielzahl einzelner Maßnahmen wie Abwrackprämie für Autos, Absenkung der Krankenkassenbeiträge, Kinderzuschlag, Unterstützung von Qualifizierungsmaßnahmen bei Kurzarbeit.

Größenordnung und Wirksamkeit der deutschen Konjunkturprogramme I und II abzuschätzen, ist schwierig. Das von der Bundesregierung angegebene Gesamtvolumen von gut 80

Milliarden Euro macht ungefähr 3,2 % des deutschen BIP von 2008 aus. Zum Vergleich: Das US-Konjunkturprogramm von Anfang 2009 beträgt etwa 5,5 % des amerikanischen BIP von 2008. Bei den Programmen muss man berücksichtigen, dass sie für zwei oder mehr Jahre ausgelegt sind, sodass sich der jährliche Anteil am BIP mehr als halbiert. Die konjunkturstimulierende Wirkung hängt neben dem quantitativen Umfang davon ab, ob die gesamtwirtschaftliche Nachfrage direkt oder indirekt beeinflusst wird und insbesondere, ob die Maßnahmen mit möglichst geringer Verzögerung greifen. Wichtig ist auch, was bei beiden Programmen der Fall ist, dass die Maßnahmen über zusätzliche Kredite finanziert werden, das heißt, dass der Volkswirtschaft nicht durch zusätzliche Steuerbelastung Kaufkraft entzogen wird (SVR 2008, Ziffer 436).

Bereits in der Weltwirtschaftskrise der 1930er Jahre hatte man in Deutschland größte Furcht davor, dass eine expansive Geld- und Haushaltspolitik zur Inflation führen würde. Die Erinnerung an die totale Geldentwertung von 1923 war lebendig. Besteht heute die Gefahr einer großen Inflation? Zwingende Konsequenz der expansiven Wirtschaftspolitik (Bankenrettungsfonds, expansive Geldpolitik, Konjunkturprogramme) ist die Inflation nicht. Wenn die Zentralbanken den Geschäftsbanken in großem Umfang Kredite und damit Guthaben einräumen, so vergrößert das die Zentralbankgeldmenge. Das ist jedoch nicht das Geld, das in der Volkswirtschaft im Umlauf ist (z.B. M3) und dessen Aufblähung nach verbreiteter Überzeugung zur Inflation führen kann. Die zusätzliche Liquidität, die die Zentralbanken den Geschäftsbanken durch Kredite einräumen, wurde in der Krise von diesen nur in geringem Umfang für die Ausweitung der Kreditgeldschöpfung benutzt. Die zusätzliche Liquidität blieb weitgehend im Bankensektor. Daher ist auch das Wort von der Druckerpresse, die von den Zentralbanken zum Geldvermehren angeworfen würde, falsch. Im Übrigen können die Zentralbanken die Liquiditätsversorgung der Geschäftsbanken auch wieder einschränken, da es sich um kurzfristige Kredite an die Banken handelt, die die Zentralbanken nicht erneuern müssen (SVR 2009, Ziffer 141). Ab wann die Zentralbanken die großzügige Kreditversorgung für die Banken wieder einschränken sollten, ist Thema in Diskussionen über sogenannte Exit-Strategien.

Vor allem in Deutschland gibt es große Vorbehalte gegen eine Ausweitung der Staatsschulden. Im Grundgesetz wurde 2009 eine sogenannte Schuldenbremse festgeschrieben. Sicher engen zu hohe Schulden des Staates seinen zukünftigen Handlungsspielraum ein. Die heutige Schuldengrenze des Maastricht-Vertrages ist allerdings willkürlich gesetzt und ökonomisch nicht zwingend. Gerade in Deutschland wird von der Bevölkerung relativ viel gespart (2008 etwa 11 % der verfügbaren Einkommen). Teile dieser Ersparnisse können in der Krise, wenn die Privatwirtschaft weniger Kredite für Investitionen verlangt, zur Kreditfinanzierung zusätzlicher öffentlicher Ausgaben genutzt werden, ohne dass davon inflationäre Tendenzen ausgehen. Im Übrigen ist die Vorstellung von der Belastung zukünftiger Generationen insofern nicht ganz überzeugend, als diese auch die Forderungen an den Staat erben.

5.5 Braucht die Marktwirtschaft doch mehr Staat?

In der Weltwirtschaftskrise ab 2008 wurden immer wieder Vergleiche mit der großen Depression der 1930er Jahre angestellt. Anders als damals ist durch sozialstaatliche Regelungen in den meisten europäischen Ländern heute die Gefahr geringer, dass Millionen Menschen wegen steigender Arbeitslosigkeit nur noch mit Hilfe von Suppenküchen und Wärmestuben überleben. Und man hat aus der Krise der 1930er Jahre gelernt, auf den Rückgang von Steuereinnahmen in der Krise nicht mit staatlichen Ausgabenkürzungen zu reagieren, wie es ehedem die Neoklassiker forderten, sondern man versucht, den Ausfall privater gesamtwirtschaftlicher Nachfrage durch zusätzliche staatliche Ausgaben (Konjunkturprogramme) zumindest teilweise auszugleichen, um so die Krise abzuschwächen, jedenfalls, wenn die Krise so heftig zu werden droht wie die jüngste.

Ein Absturz wie in den 1930er Jahren (vgl. Abschnitt 1.3) wurde im Jahre 2009 verhindert. Allerdings ist der Konjunktureinbruch in Deutschland der größte nach dem Zweiten Weltkrieg. Das BIP verringerte sich 2009 um etwa 5 %. Die Exporte brachen um mehr als 20 % ein. Anders als von vielen prognostiziert, kam es 2009 nicht zu einem starken Anstieg der Arbeitslosigkeit. Im Dezember 2009 zählte man in der offiziellen Arbeitsmarktstatistik etwa 3,3 Millionen Arbeitslose, nur etwa 200 000 mehr als ein Jahr zuvor. Ein stärkerer Rückgang des BIP wurde, so wird allgemein vermutet, durch die Konjunkturprogramme verhindert. Die moderate Zunahme der Arbeitslosenzahl ist zu erklären durch die großzügige staatliche Förderung der Kurzarbeit (jahresdurchschnittlich mehr als eine Million Kurzarbeiter) und durch Verkürzung der betrieblichen Arbeitszeiten (z.B. Arbeitszeitkonten, Teilzeit). Allein die Kurzarbeit hat 2009 den Anstieg der Arbeitslosenzahl um fast 400 000 gebremst. In den Prognosen für 2010 wird Ende 2009 eine moderate Konjunkturerholung (etwa 1,5 % BIP-Wachstum) erwartet. Für den Arbeitsmarkt wird der konjunkturelle Einbruch zeitverzögert im Jahre 2010 befürchtet.

Ob der Rückgriff auf keynesianischen Staatsinterventionismus Zeichen eines Paradigmenwechsels (Wechsel der Leitgedanken) ist, lässt sich bisher nicht sagen. Bei der Einschätzung des Verhältnisses von Markt und Staat gab es im vorigen Jahrhundert zwei Neuorientierungen des ökonomischen und wirtschaftspolitischen Denkens: vom Laissez-faire zum keynesianischen Staatsinterventionismus in der Weltwirtschaftskrise der 1930er Jahre und vom Keynesianismus zum monetaristisch-neoliberalen Gegenkonzept mit der Forderung nach Einschränkung der Staatstätigkeit, das das ökonomische Denken seit den 1970er Jahren beherrschte.

Die Krise ab 2008 wird sicher zu einem erneuten Umdenken zwingen, denn eines ist deutlicher denn je geworden: die neoklassisch-neoliberale Grundidee von einer sich selbst stabilisierenden Marktwirtschaft kann nicht Grundlage für die staatliche Politik sein. Joseph Stiglitz, Nobelpreisträger für Ökonomie, meint, die jüngste Krise ist „das Ende des Marktfundamentalismus. Der Fall der Wall Street ist für den Marktfundamentalismus das, was der Fall der Mauer für den Kommunismus war. Es zeigt, dass der Weg dieser Wirtschaftsordnung nicht gangbar ist. Nun sind die Regierungen gefragt" (Frankfurter Rundschau, 8./9.11.2008, S. 18). Vielleicht bleibt das Umdenken auch sehr zurückhaltend wie etwa beim Sachverständigenrat, der Konjunkturprogramme als kurzfristig notwendige Maßnahmen in der jüngsten Krise befürwortet, aber auf mittlere und längere Sicht auf das Weiterführen einer im Wesentlichen neoliberal-angebotsorientierten Wachstumspolitik setzt (SVR 2008, Ziffern 224 ff.). Auch die schwarz-gelbe Bundesregierung ist mit ihren Steuersenkungsplänen an der angebotstheoretischen Formel Steuersenkung – Investitionen – Wirtschaftswachstum – mehr Beschäftigung orientiert.

Schon die Tatsache, dass die Staatseingriffe und -hilfen für das Bankensystem weit größere Dimensionen haben als die Konjunkturprogramme, zeigt, dass die bekannten Werkzeugkisten der Zentralbankpolitik und des fiskalpolitischen Keynesianismus als Maßnahmen gegen die jüngste Krise nicht ausreichen. Wenn man darüber nachdenkt, ob der Staat mehr als nur Feuerwehr sein soll, muss man sich auch vergegenwärtigen, dass sich in den letzten Jahrzehnten die Verhältnisse geändert haben, die wirtschaftliche Globalisierung hat neue Bedingungen für die Wirtschaftspolitik geschaffen (Hass 2007). Wie sich gezeigt hat, sind die global deregulierten Finanzmärkte in einer gigantischen Weise mit grenzenlosen Spekulationen zum unüberschaubaren Risiko für die gesamte Weltwirtschaft geworden. Zu glauben, der unfassbare Einbruch des Finanzsektors sei auch nur im Geringsten Anlass für eine Selbstbeschränkung der Akteure im Kasino-Kapitalismus ist Illusion (vgl. Wirtschaftswoche, 25.5.2009: „Nächste Party"). Bereits ein Jahr nach der Lehman-Pleite sind die Kurse der Aktienbörsen und einige Rohstoffpreise trotz nicht überwundener Weltwirtschaftskrise wieder kräftig angestiegen. Eine Selbstheilung des Finanzsystems im Sinne einer zukünftigen Krisenvermeidung mit Hilfe von Marktkräften ist kaum erkennbar. Staatliche

Hilfsprogramme für die Banken haben zusätzliche Fehlanreize dafür geschaffen, letztlich gefahrlos hohe Risiken einzugehen. Ohne international abgestimmte staatliche Regulierungen ist eine Begrenzung der Probleme nicht möglich.

Ein weiteres globales Risikoproblem ist das Weltwährungssystem. Die Leitwährungsrolle des Dollar ermöglicht es den USA, sich in riesigem Umfang in der übrigen Welt zu verschulden. Allein China hält für über 2 Billionen US-Dollar Ansprüche gegen die USA als Devisenreserven (Ende 2009). Teil dieser Ungleichgewichte in der Weltwirtschaft sind auch die jahrelangen Exportüberschüsse Deutschlands, die durch eine Standortverbesserung im Wesentlichen auch aufgrund gesunkener Lohnstückkosten und verringerter Unternehmenssteuern entstanden sind. Exportüberschüsse der einen Länder (China, Deutschland) bedeuten Verschuldung für andere (USA, auch einige Länder im Euroraum) und schaffen weltwirtschaftliche Instabilitäten.

Hier nur einige der für die Weltwirtschaft und natürlich auch für die einzelnen Volkswirtschaften existenziell wichtigen Fragen: Gelingt es, den Spekulationswahnsinn auf den Finanzmärkten so weit zu begrenzen, dass nicht jederzeit neue Gefahren für die Weltwirtschaft entstehen können? Ist es möglich, Deflation, weiter steigende Arbeitslosigkeit, Depression und andererseits auch Inflation zu verhindern? Lässt es sich vermeiden, dass die hohen neuen Staatsschulden zur Manövriermasse im Bankensystem werden? Lassen sich Ungleichgewichte in der Weltwirtschaft verringern, indem eine neue durch internationale Vereinbarungen geschaffene globale Kunstwährung den Dollar als Leitwährung ablöst? Was ist zu tun, damit die neue Weltwirtschaftskrise und das Spekulieren mit Grundnahrungsmitteln nicht zu einer starken Zunahme des Elends in armen Ländern führt? Wenn man über solche Fragen nachdenkt, wird schnell klar, dass es hier weniger um freie Marktsteuerung als vielmehr um (meist) international zu koordinierendes staatliches Krisenmanagement und die Schaffung neuer Rahmenbedingungen für die globale Marktwirtschaft geht.

Schließlich stellt sich in und nach der Krise auch die Frage nach dem gesellschaftlichen Zusammenhalt. Bereits vor der Krise hat es in Deutschland ein wachsendes Auseinanderklaffen von Arm und Reich gegeben, das mit neoklassisch-marktliberalen Argumenten und vor allem mit Hinweisen auf den globalen Standortwettbewerb gerechtfertigt wurde. Nun hat es eine bemerkenswerte Arbeitsteilung zwischen Markt und Staat gegeben: Die Finanzmärkte wurden nach den Wünschen der Banken von den Fesseln staatlicher Regulierung befreit. Nicht zuletzt deswegen konnten auf diesen Märkten mit riskanten spekulativen Geschäften riesige private Gewinne gemacht werden. Und nach dem Kollaps: der Staat als Reparaturbetrieb, Sozialisierung von Verlusten unter Einsatz von Steuergeldern. Viele Akteure der Finanzwirtschaft hatten ihre gigantischen Gewinne, die sie vor der Krise gemacht hatten, durch vielfältige Möglichkeiten der Haftungsbeschränkung gesichert (Sinn 2009).

Man muss sich fragen, ob das gut gehen kann, ob das hingenommen wird, wenn viele Menschen durch zunehmende Arbeitslosigkeit als Folge der Finanzkrise Wohlstandseinbußen erleiden müssen, wenn Teile des Mittelstands bei längerer Arbeitslosigkeit in Hartz IV abstürzen und wenn für den Bankenrettungsfonds etwa das zehnfache dessen zur Verfügung steht, was die jährlichen Kosten für 6,7 Millionen Hartz-IV-Empfänger (2008) ausmacht. Vielleicht muss man aufpassen, dass nicht nach 60 Jahren Bundesrepublik und Sozialer Marktwirtschaft der Zusammenhalt in der Gesellschaft zu erodieren beginnt.

Über die Rolle des Staates in einer sozialen Marktwirtschaft muss sicher neu nachgedacht werden. Um nur ein Beispiel zu nennen: Soll es wirklich Perspektive der Rentenpolitik sein, wie es z.B. der Sachverständigenrat empfiehlt, die (staatliche) gesetzliche Rentenversicherung in Richtung Grundsicherung zu reduzieren und zum Teil durch private Vorsorge zu ersetzen. Soll man den Menschen wirklich empfehlen, ihre Altersvorsorge von Finanzinstituten betreiben zu lassen, die ihre Produkte oft selbst nicht durchschauen und von Zeit zu Zeit Teile der verwalteten Anlagen im Wert berichtigen müssen? Von den hohen Verwaltungsgebühren gar nicht zu sprechen. Dass private Altersvorsorge eher in der Lage ist, die Folgen des demographischen Wandels aufzufangen als das Umlagesystem der gesetzlichen Rentenversicherung lässt sich ohnehin nicht belegen (Hass 2007, S. 103 ff.).

Die Marktwirtschaft braucht sicher wieder mehr Staat, als es die Ideen des Marktliberalismus nahelegen, nicht nur für die Bankenrettung und die Konjunkturstabilisierung in der Not. Es kann aber beispielsweise nicht zum Kerngeschäft staatlicher Wirtschaftstätigkeit gehören, dass sich (staatliche) Landesbanken an den Geschäftsmodellen privater Banken orientieren und dabei hohe Milliardenbeträge verspielen. Es scheint viel Verwirrung darüber zu herrschen, was zu den Kernaufgaben des Staates in einer sozialen Marktwirtschaft gehört. Wenn mehr Staat, dann müssen die Perspektiven seiner Tätigkeit in manchen Bereichen neu bestimmt werden. Und es muss wohl auch bedacht werden, dass nicht alles, was in einer freien Marktwirtschaft hohe Renditen bringt, auch dem Gemeinwohl dient. Sicher hat der Staat günstige Rahmenbedingungen für eine effektive Marktsteuerung zu schaffen. Er muss die Interessen der Bevölkerung/der Mehrheit aber auch dort zur Geltung bringen, wo der freie Markt zu unbefriedigenden Ergebnissen führt (Soziales, Umwelt, Bildung, Gesundheit, Infrastruktur…). Es geht um beides: Förderung der Marktkräfte einerseits und Korrekturen und Ergänzungen der Marktergebnisse andererseits. Vorrang wurde im ersten Jahrzehnt des neuen Jahrhunderts der Förderung des freien Marktes gegeben. Das Wirtschaftswachstum dieses Jahrzehnts hat in Deutschland der Mehrheit der Bevölkerung keinen Wohlstandszuwachs gebracht. Es ist wichtig, dass nach dem Kraftakt der Bankenrettung in der Finanzkrise die Bevölkerung insgesamt den Eindruck gewinnt, dass Wirtschaftspolitik auch in ihrem Interesse gemacht wird.

Literatur

Akerlof, George/Shiller, Robert 2009: Animal Spirits. Wie Wirtschaft wirklich funktioniert. Frankfurt/M.

Altvater, Elmar 2009: Die kapitalistischen Plagen. In: Blätter für deutsche und internationale Politik 3/2009, S. 45 ff.

Arbeitsgruppe Alternative Wirtschaftspolitik. Jährliche Memoranden

Bischoff, Joachim 2008: Globale Finanzkrise. Hamburg

Blaich, Fritz 1994: Der Schwarze Freitag. Inflation und Wirtschaftskrise. 3. Auflage, Hamburg

Bofinger, Peter 2009: Ist der Markt noch zu retten? Warum wir jetzt einen starken Staat brauchen. Berlin

Bofinger, Peter 2003: Grundzüge der Volkswirtschaftslehre. München

Bundesagentur für Arbeit 2009: Monatsbericht Dezember und Jahr 2008

Bundesministerium für Arbeit und Soziales 2009: Statistisches Taschenbuch

Bundesministerium für Arbeit und Sozialordnung 1992: Statistisches Taschenbuch. Arbeits- und Sozialstatistik 1950-1990

Deutsche Bundesbank (Hrsg.) 2008a: Geld und Geldpolitik. Wiesbaden

Deutsche Bundesbank 2008b: Neuere Entwicklungen im internationalen Finanzsystem. Monatsbericht 7/2008

Deutsche Bundesbank 2009: Finanzstabilitätsbericht 2009. Wiesbaden

Donges, Juergen B./Freytag, Andreas 2004: Allgemeine Wirtschaftspolitik. 2. Auflage, Stuttgart

Dullien, Sebastian/Herr, Hansjörg/Kellermann, Christian 2009: Der gute Kapitalismus … und was sich dafür nach der Krise ändern müsste. Bielefeld

Eichengreen, Barry 1999: Vom Goldstandard zum Euro. Die Geschichte des internationalen Währungssystems. Berlin

Eppler, Erhard 2005: Auslaufmodell Staat? Frankfurt/M.

Erhard, Ludwig 2000 [1957]: Wohlstand für alle. München

Eucken, Walter 1952: Grundsätze der Wirtschaftspolitik. Tübingen

Felderer, Bernhard/Homburg, Stefan 2005: Makroökonomik und neue Makroökonomik. 9. Auflage, Berlin/Heidelberg

Flassbeck, Heiner/Spiecker, Friederike 2007: Das Ende der Massenarbeitslosigkeit. Mit richtiger Wirtschaftspolitik die Zukunft gewinnen. Frankfurt/M.

Franz, Wolfgang 2006: Arbeitsmarktökonomik. Berlin/Heidelberg

Galbraith, John Kenneth 2005: Der große Crash. 4. Auflage. Ausgabe 2009, München

Giegold, Sven 2003: Steueroasen: Trockenlegen! Hamburg

Hass, Egmont 2007: Globalisierung – das Ende der sozialen Marktwirtschaft? Schwalbach/Ts.

Hasse, Rolf H. u.a. (Hrsg.) 2005: Lexikon Soziale Marktwirtschaft. 2. Auflage, Paderborn

Hickel, Rudolf 2006: Kassensturz. Sieben Gründe für eine andere Wirtschaftspolitik. Reinbek

Hickel, Rudolf 2007: Die Krise des Spekulationskapitalismus. In: Blätter für deutsche und internationale Politik 10/07

Hofmann, Werner 1966: Theorie der Wirtschaftsentwicklung. Sozialökonomische Studientexte Bd. 3. Berlin.

Hohlstein, Michael 2009: Lexikon der Volkswirtschaft. 3. Auflage, München

Huffschmid, Jörg 2002: Politische Ökonomie der Finanzmärkte. Hamburg

Huffschmid, Jörg 2007: Jenseits der Spekulationskrise. In: Blätter für deutsche und internationale Politik 11/2007

Huffschmid, Jörg 2008: Die Rückkehr des Staates. In: Blätter für deutsche und internationale Politik 11/2008, S. 8 ff.

Institut für Arbeitsmarkt- und Berufsforschung 2009a: IAB-Kurzbericht 4/2009

Institut für Arbeitsmarkt- und Berufsforschung 2009b: IAB-Kurzbericht 29/2009

Keynes, John Maynard 1936: Allgemeine Theorie der Beschäftigung des Zinses und des Geldes. 7. Auflage 1994, Berlin

Kindleberger, Charles P. 2001: Manien, Paniken, Crashs – Die Geschichte der Finanzkrisen dieser Welt. Kulmbach

Kindleberger, Charles P. 1973: Die Weltwirtschaftskrise. München

Kolb, Gerhard 2004: Geschichte der Volkswirtschaftslehre. München

Kromphardt, Jürgen 2006: Grundlagen der Makroökonomie. 3. Auflage, München

Kromphardt, Jürgen 2004: Konzeptionen und Analysen des Kapitalismus. 4. Auflage, Göttingen

Kromphardt, Jürgen 1998: Arbeitslosigkeit und Inflation. 2. Auflage, Göttingen

Krugman, Paul 2009: Die neue Weltwirtschaftskrise. Frankfurt/M.

Lampert, Heinz/Bossert, Albrecht 2007: Die Wirtschafts- und Sozialordnung der Bundesrepublik im Rahmen der EU. 16. Auflage, München

Mankiw, N. Gregory/Taylor, Mark, P. 2008: Grundzüge der Volkswirtschaftslehre. 4. Auflage, Suttgart

Marx, Karl: Das Kapital Bd. II. MEW Bd. 24

Müller-Armack, Alfred 1956: Soziale Marktwirtschaft. In: Handwörterbuch der Sozialwissenschaften

Mussel, Gerhard/Pätzold, Jürgen 2005: Grundfragen der Wirtschaftspolitik. München

Otte, Max 2008: Der Crash kommt. Berlin

Pätzold, Jürgen/Baade, Daniel 2008: Stabilisierungspolitik. München

Projektgruppe Gemeinschaftsdiagnose 2009: Gemeinschaftsdiagnose der Wirtschaftsforschungsinstitute. Frühjahr 2009

Ptak, Ralf 2007: Grundlagen des Neoliberalismus. In: Butterwegge, Christoph u.a (Hrsg.): Kritik des Neoliberalismus. Wiesbaden

Remsperger, Hermann 2008: Was lief schief im Finanzsystem? In: Deutsche Bundesbank. Auszüge aus Presseartikeln. Nr. 21. 20.5.2008, S. 6 ff.

Reuter, Norbert 2007: Wachstumseuphorie und Verteilungsrealität. Marburg

Ricardo, David 1817: Grundsätze der politischen Ökonomie und der Besteuerung. Ausgabe 1972. Frankfurt/M.

Ritter, Gerhard, A. 1991: Der Sozialstaat: Entstehung und Entwicklung im internationalen Vergleich. München

Sachverständigenrat zur Begutachtung der gesamtwirtschaftlichen Entwicklung (SVR): Jahresgutachten verschiedener Jahre

Samuelson, Paul, A./Nordhaus, William D. 2005: Volkswirtschaftslehre. Nach der 18. amerikanischen Auflage, Landsberg a.L.

Siebert, Horst 2005: Jenseits des Sozialen Marktes. München

Sievert, Olaf 2003: Vom Keynesianismus zur Angebotspolitik. In: Sachverständigenrat zur Begutachtung der gesamtwirtschaftlichen Entwicklung (Hrsg.): Vierzig Jahre Sachverständigenrat 1963-2003

Sinn, Hans-Werner 2009: Kasino-Kapitalismus. Wie es zur Finanzkrise kam, und was jetzt zu tun ist. Berlin

Smith, Adam 1776: Der Wohlstand der Nationen. Ausgabe 1978. München

Statistisches Bundesamt (Hrsg.) 2009a: Bruttoinlandsprodukt 2008

Statistisches Bundesamt 2009b: Deutsche Wirtschaft 2008

Wagenknecht, Sahra 2008: Wahnsinn mit Methode. Finanzcrash und Weltwirtschaft. Berlin

Wahl, Peter 2009: Entwaffnet die Märkte! Der Finanzcrash – Ursachen, Hintergründe, Alternativen. Hamburg

Wochenschau-Themenheft: Wirtschaftspolitik. Nr. 3/4. Mai-August 2008. Schwalbach/Ts.

Wolf, Winfried 2009: Sieben Krisen – ein Crash. Wien

Zeise, Lucas 2008: Ende der Party. Die Explosion im Finanzsektor und die Krise der Weltwirtschaft. Köln

Zinn, Karl Georg 2003: Wie Reichtum Armut schafft. Verschwendung, Arbeitslosigkeit und Mangel. Köln

Zinn, Karl Georg 2008: Die Keynessche Alternative. Hamburg

Der Autor

Dr. Egmont Hass ist Volkswirt und lehrte an der TU Darmstadt, an den Fachhochschulen Wiesbaden und Darmstadt und an einem Abendgymnasium die Fächer Volkswirtschaftslehre, Geschichte und Politik.